STÖRTEBEKER

Dichtung und Wahrheit

Harm Bents
Bernd Flessner
Martin Stromann

Bildhinweis:

Titel:
Werner Nörtker - der Störtebeker-Darsteller

Rückumschlag:
Die Liekedeler kehren zurück

STÖRTEBEKER

Dichtung
und Wahrheit

Harm Bents
Bernd Flessner
Martin Stromann

Verlag Soltau-Kurier-Norden

Störtebeker – Dichtung und Wahrheit

Teil 1
För 't lieke Deel
Die Störtebeker-Freilichtspiele in Marienhafe
Von Bernd Flessner
Fotografie: Martin Stromann

Teil 2
Überarbeitete und erweiterte Fassung
Von Harm Bents

1. Auflage 2003
ISBN 3-928327-69-0
© Verlag Soltau-Kurier-Norden (SKN)
Alle Rechte vorbehalten

Verlagsanschrift:
Stellmacherstraße 14, 26506 Norden
Internet: www.skn.info
E-Mail: verlag@skn.info

Idee: Reinhard Former
Lektorat: Inge Straatmann
Produktion: Inge Straatmann, Reinhard Former
Grundschrift: Adobe Minion

Druck und Gesamtherstellung:
SKN Druck und Verlag GmbH & Co. KG
Printed in Germany

Inhalt

– Teil 1 –

Der Störtebekerturm im Zentrum Marienhafes

Rund um den Störtebekerturm

Wahrzeichen im Brookmerland – der Störtebekerturm und sein Namensgeber

Blick ins Turm-Innere

För 't lieke Deel

Die Störtebeker-Freilichtspiele in Marienhafe

Es gibt kaum eine andere historische Persönlichkeit an Nord- und Ostsee, die die Phantasie der Küstenbewohner so nachhaltig anregt wie die des Seeräubers Klaus Störtebeker. Nach den Gründen für diese Faszination muss nicht gesucht werden. Zum einen war Störtebeker ein gefürchteter Pirat, noch dazu ein leibhaftiger und keine fiktive Figur wie etwa Käpt'n Flint, nach dessen Schatz Jim Hawkins auf der berühmten Schatzinsel sucht, oder wie der Rote Korsar, den Burt Lancaster im gleichnamigen Hollywoodfilm so eindrucksvoll verkörperte. Nein, Klaus Störtebeker hat im Gegensatz zu den meisten Seeräubern, die uns Literatur und Film zu bieten haben, wirklich gelebt. Zum anderen können die Historiker nur relativ bescheidene Auskünfte über den Anführer der Vitalienbrüder geben. So erstaunlich das auch klingen mag, aber der bekannte Seeräuber ist letztendlich ein Unbekannter. Raum genug also für Phantasien, Spekulationen und Legenden. Würden

Hisko Abdena, Propst zu Emden

Störtebeker nicht zahlreiche Geheimnisse umgeben, wäre er wahrscheinlich nur eine der vielen historischen Figuren, mit denen sich lediglich Experten auseinander setzen.

Stammt Störtebeker aus dem Groningerland, wo er um 1364 als Junker Sissinga van Groninga geboren wurde? Hat er tatsächlich im Turm der Kirche von Marienhafe gehaust oder bei seiner Frau Theda auf der Burg Upgant gelebt? War er wirklich eine Art Robin Hood und hat auch die Armen an seiner Beute teilhaben lassen? War er ein trinkfester Raufbold, ein skrupelloser Mörder und Abenteurer, der vor nichts zurückschreckte? War er ein Anhänger der Lehren von John Wiclif und Jan Hus und somit schon früh auf Seiten der Reformation?

Endlos könnte man die Reihe der Fragen fortsetzen, die sich aus dem kaum bekannten Leben Klaus Störtebekers ergeben. Doch wie auch immer man sich mit dem legendären Seeräuber auseinander setzt, um einen Ort kommt man niemals herum: Marienhafe. Denn im Zentrum des Brookmerlandes steht der Störtebekerturm, dort kann man noch heute das Störtebekertief befahren. Das ostfriesische Marienhafe wurde, nachdem Störtebeker sich aus der Ostsee zurückgezogen hatte, zum Dreh- und Angelpunkt seines Lebens und seiner Raubzüge. Anno 1396 soll er zum ersten Mal den Fuß auf Brookmerlander Boden gesetzt haben – so jedenfalls überlieferte es der Norder Geistliche Bernhard Elsenius der Nachwelt in einer Chronik: „Anno 1396 (XIII. Tag Januarii) is Clauwes Störtebecker mit sin Schipfart ersten tho Marienhave gekamen." Durch die breite Ausbuchtung, die während der verheerenden Dionysiusfluten von 1374 und 1377 entstanden war, reichte die Nordsee fast bis an die Marienhafer Marienkirche heran. Sie hatte damals Format und Größe des Osnabrücker Doms und einen 72 Meter hohen Turm, der auch als Seezeichen diente. Marienhafe wurde zum neuen Unterschlupf der Seeräuber, stillschweigend geduldet von dem jungen Häuptling Keno tom Brok und Propst Hisko von Emden.

Von den Raubzügen der „Liekedeler" (zu Deutsch „Gleichteiler"), die ihre Beute gerecht unter sich aufteilten, profitierten die Ostfriesen wie zuvor die Mecklenburger: Bei den Erbstreitigkeiten, die 1375 nach dem Tod des dänischen Königs Waldemar IV. Atterdag zwischen Dänen und Mecklenburgern entbrannten, kamen Letzteren die wilden Gesellen gerade recht. Die Piraten erhielten daher im Kaperkrieg gegen Dänemark Geleit- und Bestallungsbriefe, die so genannten Kaperbriefe, sowie Zugang zu den mecklenburgischen Häfen. Als die Dänen Stockholm belagerten, bekamen die Seeräuber den Auftrag, die Eingeschlossenen mit Lebensmitteln zu versorgen, die im damaligen Sprachgebrauch „Victualien" hießen (daher der Name „Vitalienbrüder"). Doch nach dem Friedensschluss im Mai 1395 hatten sie ihre Schuldigkeit getan und mussten sich nach einer neuen Bleibe umsehen. So wechselten sie von der Ost- zur Nordsee.

Heimkehr nach 600 Jahren

Im Jahr 1996 war es genau 600 Jahr her, dass Klaus Störtebeker und seine Kapitäne Goedeke Michel, Magister Wigbold und Wichmann in Marienhafe erstmals an Land gingen. Grund genug, den berühmten Seeräuber noch einmal an den Schauplatz der Geschichte zu zitieren.

„Die Idee zu einem Historienspiel ist nicht neu", erklärte Harm Bents, stellvertretender Gemeindedirektor im Brookmerland und Mitorganisator. Vor vielen Jahren hatte man sich schon einmal damit befasst, doch scheiterte die Sache letztendlich an den fehlenden Geldmitteln. Die sechshundertste Wiederkehr des Jahres, in dem Störtebeker und seine Mitstreiter in Marienhafe Einzug hielten, konnte man jedoch nicht einfach ignorieren.

Zwei Jahre bereitete die Arbeitsgruppe Störtebeker-Festspiele das große Spektakel vor. Sie setzte sich zusammen aus jeweils einem Vertreter der Arbeitsgemeinschaft Ostfriesischer Volkstheater (Jakob Janshen aus Oldersum), der Ostfriesischen Landschaft (Cornelia Nath von der Fachstelle zur Förderung der plattdeutschen Sprache), des Arbeitskreises Kulturförderung Brookmerland (Rudolf Elster aus Marienhafe), der Theatergruppen Brookmerland (Hinrich Redinius aus Leezdorf), der Niederdeutschen Bühne Aurich (Albert Janssen aus Südbrookmerland) und des Fleckens Marienhafe (Harm Bents). Auf die Kosten von rund 250 000 Mark – öffentliche Zuschüsse gab es nicht – angesprochen, zeigte sich Bents immer optimistisch: Eintrittsgelder und Zuwendungen von Sponsoren dürften ausreichen, um die Finanzierung

zu sichern. Bei der Verwirklichung des Projektes wurde durch großes ehrenamtliches Engagement aller Beteiligten zwar kostengünstig gewirtschaftet, doch bei den zentralen Punkten beileibe nicht auf Sparflamme gekocht. Das zeigte sich in der Wahl des Autors Ingo Sax aus Seevetal bei Hamburg, Spezialist für niederdeutsche Theaterstücke. Er stellte sorgfältige historische Recherchen an und entwickelte einen wahrheitsgemäßen Rahmen für die Handlung und die Darsteller, wobei er den Text auf viele Schauspieler verteilte und nicht etwa die Hauptperson Störtebeker ins Zentrum rückte. Lobend meinte Harm Bents: „Ingo Sax hat gut nachvollzogen, was Störtebeker hier gemacht haben könnte."

Als Intendant und Regisseur konnte Georg Immelmann gewonnen werden, der den Ostfriesen – zumindest den Liebhabern des Theaters unter ihnen – als ehemaliger Intendant der Landesbühne Niedersachsen Nord in Wilhelmshaven noch in bester Erinnerung ist. Immelmann brachte nicht nur jahrzehntelange Bühnenerfahrung mit, sondern wusste auch genau, worauf es bei einem Freilichtspiel ankommt: Dreimal hat er als Intendant die Bad Gandersheimer Domfestspiele geleitet. Anfang Mai verlegte Immelmann vorübergehend sein Domizil von Berlin nach Marienhafe, wo ihm im Haus Dieker eine Intendanz zur Verfügung stand.

Keno tom Brok, Häuptling des Brookmerlandes

Zur Seite stand ihm hier Cornelia Nath. Die Mitarbeiterin der Regionalsprachlichen Fachstelle der Ostfriesischen Landschaft war im Auftrag der Ostfriesland-Stiftung, die die Festspiele als Projektarbeit auch finanziell förderte, als rechte Hand des Regisseurs für Planung und Organisation zuständig. Da sie sich seinerzeit auf dem Gebiet der Theaterpädagogik fortbildete, nutzte sie diese einmalige Gelegenheit, um als Regieassistentin Erfahrungen zu sammeln.

Historienspiele sind bekanntlich nicht nur mit vielen finanziellen, sondern auch mit künstlerischen Risiken verbunden, denn sie stellen einen schwierigen Balanceakt dar. Oft genug schon sind vergleichbare Projekte gescheitert, haben nur Kitsch oder bloßes Spektakel geboten, weil im Vorfeld schlecht recherchiert wurde, der Autor seine dramaturgischen Fähigkeiten überschätzte, die Darstellung doch zu laienhaft war oder der Regisseur die Freilichtbühne mit jener des Wiener Burgtheaters verwechselt hat. Um diese und andere Untiefen zu umschiffen, haben die Verantwortlichen der Störtebeker-Freilichtspiele zusammen mit dem Autor Ingo Sax und dem Regisseur Georg Immelmann ein klares Konzept entwickelt, das dieser wie folgt skizzierte: „Es soll dem Publikum keine importierte Hochglanzkultur geboten werden, sondern ein regionales Ereignis, das überregionale Beachtung verdient."

Ganz bewusst sollte die Handlung nur einen kurzen Abschnitt aus Störtebekers Leben beleuchten, nämlich seine Zeit bei den Herrschern im Brookmerland, ganz bewusst wurde auf eine Inszenierung in der Tradition der Aufführungen in Ralswiek auf Rügen verzichtet. Anschauliche, unterhaltsame und spannende Regionalgeschichte in der lebendigen Tradition des plattdeutschen Theaters für jedermann zu bieten und zugleich das Interesse von Kindern und Jugendlichen an ostfriesischer Kultur und plattdeutscher Sprache zu wecken, war das erklärte Ziel der Organisatoren.

Die Schauspielerinnen und Schauspieler rekrutierten sich aus den Ensembles mehrerer niederdeutscher Bühnen, die der Arbeitsgemeinschaft Ostfriesischer Volkstheater angehören, einem 1982 unter dem Dach der Ostfriesischen Landschaft gegründeten Verband. Beteiligt sind die Friesenbühne Emden, die Theatergruppe des Heimatvereins Leezdorf, die Spöldeel Wallinghausen, die Niederdeutschen Bühnen Norden und Aurich, die Hinter Spöldeel, die

Theatergruppe des Heimatvereins Oldersum, die Theatergruppe Schottjer Dreesche (Upgant-Schott) und die Theatergruppe Holtriem sowie eine Darstellerin aus Dornum.

Ab Februar 1996 reiste Immelmann jedes Wochenende ins Brookmerland, um die Akteure in Einzelproben an die große Aufgabe heranzuführen und wenige Wochen vor der Premiere gemeinsam zur Perfektion zu bringen. Die Darsteller machten aus ihrer Begeisterung über die Zusammenarbeit mit dem Profi keinen Hehl, sie wussten genau, dass sie von diesen Erfahrungen bei ihrer weiteren Bühnenarbeit profitieren würden. Immelmann lobte andererseits Disziplin und Aufnahmebereitschaft der Ostfriesen.

Anfang Mai wurden die Proben dann auf den Marktplatz verlegt. Bis dahin mussten Text, Betonung, Mimik und Gestik „sitzen", denn fortan hatten sich die Schauspieler darauf zu konzentrieren, über große Entfernungen zu agieren. Unter freiem Himmel zu spielen, bedeutet auch, ohne Soufflieren auszukommen – beides war eine große Umstellung für die Akteure, von denen nur wenige Freilichtspiel-Erfahrung hatten.

Ohne die vielen Helfer hinter den Kulissen läuft bekanntlich nichts, bleibt die beste schauspielerische Darbietung farblos. Profis wurden daher für Beleuchtung und Beschallung engagiert. Den Bau der Kulissen wie Stadtmauer, Stadttore und Segel sowie Tische und Bänke hatten Mitarbeiter der Gemeinnützigen Ausbildungsgesellschaft (GAG) in Norden übernommen. Für die Kostüme zeichnete Venna Denef verantwortlich. Die Auricherin, die unter anderem über zehn Jahre Theatererfahrung in Münster verfügt und in Düsseldorf ihre Prüfung als Theaterschneidermeisterin abgelegt hat, verwaltet und pflegt den Kostümfundus der Ostfriesischen Landschaft, der den Bühnen Ostfrieslands und den Schülertheatern der Region bei Bedarf zur Verfügung steht. Venna Denef und ihr Team hatten die Aufgabe, neben den Hauptdarstellern dreißig Piraten, drei Soldatentruppen, eine verwegene Bauerngemeinschaft, zwanzig „leichte Mädchen", drei Steuermänner und die Holländer zu kostümieren.

Bei der Einkleidung der Hauptdarsteller/innen hielt sie sich an die Vorstellungen des Regisseurs, der Temperament und Eigenschaften der agierenden Personen mit Farben, Schnitten und Details unterstreichen wollte. So ist beispielsweise die unterneh-

Ocka und Tetta, die Töchter von Foelke Kampana, sind keineswegs immer ein Herz und eine Seele. Ocka liebt das flotte Leben, was sich auch durch ihr farbenfrohes Gewand ausdrückt

mungslustige Ocka in einem farbenfrohen Gewand in Pink- und Violett-Tönen vor dem Publikum erschienen, während ihre Schwester Tetta in einem etwas weniger aufgeputzten Kleid auftrat. Stoffe aus Kunstfasern kamen für Venna Denef übrigens nicht infrage – ihnen fehlt die Farbintensität von reiner Seide. Als Verschlüsse für die Kleidungsstücke wurden Haken und Ösen, Knöpfe und Bänder gewählt, niemals jedoch Reißverschlüsse, denn die waren zu Störtebekers Zeiten noch nicht erfunden.

Da Georg Immelmann Perücken als zu unnatürlich ablehnte, mussten auch hier entsprechende Lösungen her. Wer wie Annegret Redinius mit einer Kurzhaarfrisur erschien, bekam von Venna Denef eine zeitgemäße Kopfbedeckung gefertigt, die das Manko versteckte. Ganz zum Schluss musste auch noch an die üblichen tausend Kleinigkeiten gedacht werden, an Schärpen, Schnallen und Lederriemen für Stiefel und Schuhe, an Schleifen und Bänder. Bei jeder Aufführung musste Venna Denef hinter den Kulissen dabei sein, um rettend einzuspringen, wenn im Eifer des Gefechts ein Knopf verloren ging, ein Saum sich löste oder ein Wams einen Riss bekam. „Alles muss perfekt sein und perfekt sitzen. Wenn irgend etwas während des Spiels nicht klappt, dann ist nämlich immer das Kostüm dran schuld", erzählt Venna Denef.

Das 1996er Stück: För 't lieke Deel

Im ausklingenden 14. Jahrhundert hatte Häuptling Ocko I. im Brookmerland das Sagen. Er war verheiratet mit Foelke Kampana von Hinte, die später als die „Quade Foelke" in die Geschichte einging. Erbstreitigkeiten hatten Ocko und Folkmar Allena, Häuptling von Osterhusen, zu erbitterten Feinden gemacht, und es kam deswegen zu einem Kampf bei Loppersum, aus dem Ocko als Sieger hervorging. Die Folge war, dass Ocko alles daransetzte, seine Macht auf weitere Gebiete Ostfrieslands auszudehnen. Um dieses Ziel zu erreichen, unternahm er einen geschickten Schachzug, der ihn zwar seinem Ziel näher brachte, ihm jedoch nicht unbedingt die Sympathie des Volkes bescherte: Er übertrug Herzog Albrecht, dem Grafen von Holland, seine Besitztümer, um sie als Lehen zurückzuerhalten, Ockos Vorteil lag fortan in der Unterstützung des Grafen gegen seine Feinde.

Folkmar Allena sann auf Rache, überfiel die tom Broksche Burg in Aurich und ließ, so wird vermutet, Ocko hinterrücks erdolchen, als dieser von vergeblichen Einigungsverhandlungen zurückkehrte. Da Keno II., Ockos und Foelkes Sohn, noch minderjährig war, übernahm Widzel, unehelicher Sohn von

Ocko, stellvertretend die Regierungsgeschäfte. Widzel stellte sich dieser Aufgabe mit Freuden, auch wenn ihm eines klar war und gar nicht gefiel: seine Macht würde nicht von langer Dauer sein.

Hier beginnt die Handlung des Stückes. In diese Krisenlage platzen die Vitalienbrüder, um die Bevölkerung mit all ihren neuen Ideen kräftig aufzumischen – Störtebeker (Werner Nörtker) an der Spitze. Er ist der Überlegenste von allen, ein kräftiger Draufgänger, doch auch ein Mann mit viel Lebenserfahrung, der weiterdenkt, langfristig plant, strenge Disziplin wahrt und Gerechtigkeit auf seine Fahnen geschrieben hat. Gleiches Recht und gleiche Beute für alle, niemand soll benachteiligt, niemand des anderen Herr sein – Vorstellungen und Handlungsweisen, die dem ostfriesischen Volk fremd sind und es in Erstaunen versetzen. Umgekehrt zwingen jedoch auch die Brookmerlander die Liekedeler zum Nachdenken.

Eigentlich ist er gar kein schlechter Kerl, dieser Störtebeker, der zudem so attraktiv aussieht, dass Frauenherzen bei der Begegnung mit ihm höher schlagen. Auch die der Häuptlingstöchter Ocka (Heike Müller) und Tetta (Katharina de Boer). Störtebeker hat kein Herz aus Eis, doch wird es Tetta gelingen, den rastlosen Seeräuber, der sich gegen jede menschliche Bindung wehrt, für sich zu gewinnen?

Goedeke Michel (Dieter Thiemann) ist aus ganz anderem Holz geschnitzt: ein wilder Haudegen, der handelt, ohne zu überlegen und der ohne Störtebekers Schutz wahrscheinlich nicht immer glimpflich davongekommen wäre. Der Dritte im Bunde ist Magister Wigbold (Ubbo Gerdes), ein studierter Mann, der sich hervorragend auf die Astronavigation versteht. Er, der älteste der vier Kapitäne, stellt vor den fassungslosen Brookmerlandern die Behauptung auf, dass die Erde keine Scheibe, sondern eine Kugel sei. Er erntet zunächst nur Kopfschütteln und wird von Kaplan Almer (Walter Julius) als „Ketzer, der im Feuer schmoren müsste" verdammt. So ergeht es auch Wichmann (Bruno Stürenburg), dem Praktiker und unerschütterlichen Optimisten, der taub gegenüber Befehlen ist, seine Energie in die Erfindung von Schiffsartillerie investiert und seine Umgebung oft genug in Angst und Schrecken versetzt, wenn er wieder einmal experimentiert.

Allein die Schilderung dieser vier Charaktere macht deutlich, was das Stück zu bieten hat. Neben Dialogen wird auch viel Action geboten. Ständig herrscht buntes Treiben zu Füßen des Störtebekerturmes, wo sich Soldaten und Piraten (der wilde Haufen setzt sich aus den Bässen des Männergesangvereins Concordia Marienhafe mit Gerd Willamowski als Vorsänger zusammen), Pferde (des Reitervereins

Widzel tom Brok und Folkmar Allena heißen die Liekedeler willkommen

Tetta möchte den rastlosen Seeräuber für sich gewinnen

Auch Adda findet Gefallen an Störtebeker

Brookmerland) und Reiter tummeln, wo eifrig Handel getrieben und getanzt und gesungen wird. Die passende Musik stammt übrigens von Gerd Brandt und ist in Zusammenarbeit mit der bekannten Folkband Laway entstanden.

Bei aller Ernsthaftigkeit der Thematik kommt der Humor nicht zu kurz: Seeleute, besonders Piraten, sprechen eben manchmal eine derbe Sprache. Und im Umgang mit Frauen sind sie auch nicht gerade zimperlich. Um die Bedürfnisse der Männer zufrieden zu stellen und die eigenen Frauen zu schützen, wird beschlossen, eine Gruppe Dirnen (gespielt von Frauen der Tanzgruppe des Turnvereins Marienhafe unter der Leitung von Ingeborg Hauffen und Rixtine Janssen) aus der Hafenstadt Emden zur Gesellschaft der Liekedeler zu verpflichten. Die Wirtin Meta (Hanna Janshen) beherbergt die Mädchen, die es sogar schaf-

fen, den Raubeinen ostfriesische Tänze beizubringen. Doch offenbar sind zwei der Piraten nicht auf ihre Kosten gekommen und vergreifen sich an Uda, einer Frau, die sich nicht wehren kann: Uda ist blind. Sie lebt in einer anderen Welt und sieht trotz ihrer Blindheit mehr als andere Menschen. Wo immer etwas los ist oder Uneinigkeit herrscht, ist Uda nicht weit und orakelt: „De Wind hett sük dreiht, he weiht kolt ut Osten. Kolt as Iesen." Die Menschen begegnen ihr mit Respekt, selbst Störtebeker bleibt von ihr nicht unbeeindruckt. Er lässt am Ende – Piratenrecht hin, Piratenrecht her – Gerechtigkeit walten und bestraft die Vergewaltiger. Eine Rolle, die die Zuschauer manchmal schaudern lässt und die Helga Reck einiges abverlangt. Sie hat Körper- und Kopfhaltung häufig für sich allein im Dunkeln geübt, versucht, ein Gespür dafür zu entwickeln, wie Blinde sich bewegen.

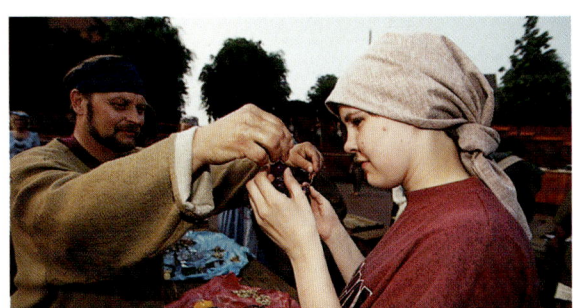

Buntes Treiben herrscht auf dem Marktplatz

Eine Beschützerin hat Uda in Foelke Kampana (Annegret Redinius), einer klugen und listenreichen Frau ohne Hemmungen, die stets sehr überlegen auftritt. Keno (Heiner Alberts) ist ihr Ein und Alles, während sie für ihren Stiefsohn Widzel (Hinrich Erdwien) längst nicht so viel Sympathie aufbringen kann. Sie fürchtet mit Recht die Folgen von Widzels Handeln: die Tolerierung der Seeräuber im Lande wird die Hanse auf den Plan rufen.

Folkmar Allena (Erich Redinius), der etwas beschränkte Häuptling von Osterhusen, paktiert ebenfalls mit den Liekedelern, was Widzel dazu veranlasst, auf den Familienzwist zu pfeifen und zusammen mit Folkmar den Lehnseid gegenüber Herzog Albrecht zu

Estrella pfeift auf die Moral
und lässt sich mit den Piraten ein

erneuern. Gleichzeitig versucht er, sich mit den Hansestädten zu arrangieren. Ausbaden muss Keno letztendlich das ganze intrigante Treiben, denn sein Stiefbruder kommt ums Leben.

„Wirst du geköpft?" Das ist die Frage, die Störtebeker-Darsteller Werner Nörtker im Sommer 1996 am häufigsten gestellt wurde. Doch das blieb den Zuschauern erspart und ist auch nicht Gegenstand der Handlung. Aber die Hanse spielt natürlich eine Rolle in dem Stück. Eine Gesandtschaft der Kaufleute versucht Störtebeker zu überreden, in ihre Dienste zu wechseln. Man verspricht ihm Schiffe, die mit neuartigen Geschützen ausgerüstet sind. Ist es eine Falle? Wird sich Störtebeker auf das Angebot einlassen?

Dass mit der Hanse nicht zu spaßen ist, wird deutlich, als deren Leute eine Kogge der Seeräuber-Flotte in Brand setzen. Fluchtartig verlässt Störtebeker Marienhafe, um zu verhindern, dass das Feuer auf den Ort übergreift. Das ganze Volk läuft ihm und seinen Leuten nach, zurück bleiben die Frauen: Foelke und ihre Töchter, die Wirtin Meta und die blinde Uda. „Hört ji dat nich? Is so still up 'n Mal. Se läben nich mehr. Se weten dat blot noch nich. De Wind hett sük dreiht. Wi sullen för hör beden."

Vom 14. bis zum 30. Juni 1996 war *Störtebeker – För 't lieke Deel* auf dem Marktplatz von Marienhafe zu sehen. Über 20 000 begeisterte Zuschauer sahen die Aufführungen, machten sie zu einem großen Erfolg. Ein Erfolg, der nicht der einzige bleiben sollte.

Störtebekers zweites Comeback

Kaum war der Applaus verklungen, war den Initiatoren klar, dass Störtebekers Comeback auf dem Marienhafer Marktplatz kein einmaliges Gastspiel gewesen sein sollte. Wäre das Freilicht-Experiment fehlgeschlagen, hätte man früher oder später wieder zur Tagesordnung übergehen können. Doch der Erfolg machte eine Fortsetzung fast zwingend erforderlich, zumal 1996 viele Erfahrungen gemacht worden waren, auf denen man aufbauen konnte. Somit war das Ziel schnell ins Auge gefasst: „Wir wollen noch besser sein als 1996", versprach Jakob Janshen, Vorsitzender der Arbeitsgemeinschaft Ostfriesischer Volkstheater. Die Arbeitsgruppe Störtebeker-Festspiele hatte sich für die Neuauflage ehrgeizige Ziele gesetzt. Um diese verwirklichen zu können, musste der Etat auf knapp 400 000 Mark aufgestockt werden. Tribünenbau, Beschallung, Pyrotechnik, Musik, Kulissenbau, Regie und Urheberrechte waren dabei die größten Posten auf der Sollseite. Sollten die Kosten nicht komplett eingespielt werden können, sicherte die Samtgemeinde Brookmerland die Finanzierungslücke ab. „Ohne ein erhebliches ehrenamtliches Engagement wären diese Festspiele aber gar nicht möglich gewesen", betonte Janshen, der Georg Immelmann 1999 zudem bei der Regie unterstützte. Ein Engagement, das Sponsoren und Publikum scheinbar gleichermaßen honorierten. Das Interesse an den schillernden Seeräubern und ihren Geschichten war jedenfalls stärker noch als 1996. Anfang Juni waren bereits die Hälfte der Eintrittskarten verkauft.

„Never change a winning team!", heißt ein bekanntes amerikanisches Sprichwort, dessen Sinn auch in Marienhafe bekannt ist. Wie 1996 wurde für die Regie Georg Immelmann verpflichtet, für den die Inszenierung eine ganz besondere Aufgabe darstellte: „Die Freilichtspiele sind ein ungeheuer positives Erlebnis. Die Arbeit mit über 150 Mitwirkenden ist sehr reizvoll und etwas Einmaliges."

Auch bei der Besetzung der Hauptrollen hat es im Vergleich zu 1996 kaum Veränderungen gegeben. Klaus Störtebeker wurde erneut von Werner Nörtker verkörpert, Ocka von Heike Müller und Goedeke Michel von Dieter Thiemann. Als Autor konnte wieder der Hamburger Ingo Sax verpflichtet werden, der sich als Profi der Risiken bewusst war, die sich aus einer Fortsetzung ergeben: „Die Gefahr des Eigenplagiats ist sehr groß. Als Autor läuft man Gefahr, seinen Ruf in Höchstgeschwindigkeit zu verlieren, wenn man sich wiederholt."

Wieder hat Ingo Sax ausgiebig recherchiert, ist aber aus dramaturgischen Gründen mit der Geschichte sehr frei umgegangen: „Der historische Aufhänger ist die Seeschlacht auf der Osterems, die ich allerdings um ein Jahr verlegt habe. Sie fällt jetzt mit dem Königswechsel in England zusammen, der für die Hansepolitik wichtig war. Die Geschichte um Störtebeker ‚undercover' soll beim Publikum den Eindruck hinterlassen: So hätte es gewesen sein können." Dem Autor ist es auch diesmal nicht darum gegangen, ein historisches Seminar auf der Theaterbühne zu präsentieren, sondern ein Schauspiel vor dem Panorama der Geschichte zu gestalten: „In erster Linie geht es darum, das Publikum zu unterhalten. Das Stück soll Spaß machen. Und das eine Jahr wird sicherlich auch die Historiker nicht um den Schlaf bringen. Ansonsten halte ich mich an den historischen Hintergrund." Und wie 1996 waren Venna Denef für die Kostüme und die Folkband Laway für die Musik verantwortlich.

Ein fröhliches Tänzchen auf dem Dorffest

Kaplan Almer hält Störtebeker und Keno tom Brok eine seiner Moralpredigten

Henk van de Meer, Vogt Herzog Albrechts, mit seinem Priester, Widzel tom Brok, Folkmar Allena und seine Frau Adda. Widzel und Folkmar erneuern den Lehnseid gegenüber Herzog Albrecht von Holland

Folkmar und Adda spinnen eine Intrige

Das 1999er Stück:
Een för all un all för een

Dichtung und Wahrheit, historisch belegte Fakten und poetische Phantasie – so könnte man die Mischung beschreiben, aus der Ingo Sax das zweite Störtebeker-Stück erarbeitete: *Een för all un all för een.*

Ein Jahr nach seinem ersten Aufenthalt in Ostfriesland kommt der berühmt-berüchtigte Liekedeler und Seeräuber Klaus Störtebeker wieder nach Marienhafe. Allerdings unerkannt – verkleidet als flämischer Kaufmann. Angeblich haben die Seeräuber sein Schiff überfallen, und angeblich hat die Flotte der Hanse aus Hamburg ihn gerettet.

Die Schiffe der Hanse, kommandiert von Luten Struwe, sind unterwegs nach Marienhafe. Sie haben gleich mehrere Aufträge: Störtebeker zu fangen, die Hamburger Kaufleute Wandmaker und von der Hayde, die seit einem Jahr in Marienhafe festgehalten werden, zu befreien und Keno tom Brok als Geisel mit nach Bremen zu nehmen, um sicherzustellen, dass die Seeräuber nicht wieder in Marienhafe Unterschlupf finden. Mit Kenos Ablösung wird Abt Hisko von Emden als neuer Herr über das Brookmerland eingesetzt. Als dieser in Marienhafe einzieht, wimmelt es dort plötzlich von Mönchen und Nonnen. Dabei handelt es sich durchaus nicht nur um echte Mönche, sondern auch um Seeräuber, unter anderem Wichmann und Wigbold, die sich verkleidet haben, um unerkannt zu bleiben. Dieses Versteckspiel funktioniert zum offensichtlichen Vergnügen der Liekedeler hervorragend. Der Clou ist eine Intrige, die Störtebeker zusammen mit seiner „Gefährtin" Dagni Rasmusdottar in Szene setzt. Dagni spielt dem geldgierigen, aber ahnungslosen Abt aus Emden (über Foelke Kampana und Folkmar Allena als Steuereintreiber) Goldstücke in die Hände, die auf der Rückseite das Bild des neuen englischen Königs Heinrich IV. tragen statt des Porträts des vor wenigen Wochen verstorbenen Richard II. Mit diesem neu geprägten Geld hat aber bisher erst ein einziges Schiff England verlassen, das offensichtlich von Störtebeker überfallen und ausgeraubt wurde. Diese Goldmünzen sind nun der klare Beweis dafür, dass Hisko mit den Seeräubern unter einer Decke steckt – und nicht, wie von der Hanse angenommen, die Leute aus dem Brookmerland.

Luten Struwe, als Vertreter der Hanse, vertreibt den Abt und setzt Keno tom Brok, den er, um ein Exempel zu statuieren, als Verbündeten und Freund der Seeräuber sogar hängen lassen wollte, wieder als Herrn des Brookmerlandes ein.

Im Bewusstsein, seine Mission erfolgreich beendet zu haben, kehrt Struwe mit seinen Schiffen nach Hamburg zurück. Keno ist der alte und neue Herr über das Brookmerland, und die Seeräuber haben auch für die Zukunft in Marienhafe einen sicheren Zufluchtsort.

Umrahmt wird dieses unterhaltsame Verkleidungs- und Intrigenspiel von der Hochzeit zwischen Tetta tom Brok und Siebrandt von Loquard, mit der die ganze Geschichte eigentlich beginnen soll, die dann aber wegen der dramatischen politischen Umstände abgeblasen wird, zum guten Ende aber dennoch ganz pompös gefeiert werden kann.

Das Ensemble:
Eine echte Schauspieler-Familie

Hier is he, düsse Mann hier is Störtebeker!" Nur gut, dass Foelke Kampana die Hanseaten, die sie sowieso nur als „koppverdreihet Wief" abtun, nicht von Störtebekers wahrer Identität überzeugen kann. Sonst wäre das Freilichtspiel *Een för all un all för een* bereits nach dem zweiten Akt zu Ende. Und das wäre schade. „Tjä, de Froonslüüd, männichmol kohmt se op so gediegen Ideen, dor köhnt wi Mannslüüd gor nich mit", kann der sagenumwobene Seeräuber seinen Kopf noch einmal aus der Schlinge ziehen und bleibt unentdeckt – vorerst. Schließlich kennt der Pirat die Frau, die mit dem Finger auf ihn zeigt, nur zu gut: „Kann se nich över allns bestimm'n, denn föhlt se sick nich wohl." Annegret Redinius und Werner Nörtker waren schon bei der Premiere 1996 die Foelke Kampana und der Störtebeker. 1999 standen sie wieder auf den Brettern, die die Welt bedeuten. Und für beide war dies schlichtweg „ein Traum".

„Es ist schon eine Auszeichnung, bei den Störtebeker-Festspielen überhaupt mit dabei zu sein", erklärte Annegret Redinius, die bei der Niederdeutschen Bühne in Aurich das Theaterspielen gelernt hat.

„Darum versucht auch jeder von uns, sein Bestes zu geben." Fünf Jahre zuvor wurde Annegret Redinius, die inzwischen für die Theatergruppe des Hei-

Julius Wandmaker und Casper von der Hayde, Hamburger Kaufleute in Sondermission

matvereins Leezdorf spielt, eher zufällig entdeckt: „Spölbaas Albert Janssen hat mich während einer gemeinsamen Feier fürs Theater entdeckt. Ihm gefiel mein Platt so gut." Beim Tag der offenen Tür schaute sie dann mal neugierig hinter die Kulissen der Auricher Bühne und war so fasziniert, dass sie gleich den ganzen Tag blieb. Zunächst als Souffleuse, dann in mehreren Nebenrollen, spielte sie schließlich im Musical „Mareike" (aus der Feder der Wittmunder Autorin Erika Janna Petersen) ihre erste Titelrolle. „War herrlich", erzählt die Schauspielerin und ist ihrer Bühne dankbar, dass sie überhaupt die Chance dazu bekommen hat, „aber auch ganz schön stressig." Denn nebenher liefen schon die Proben für das 96er Störtebeker-Stück *För 't lieke Deel*. Albert Janssen war es auch, der Annegret Redinius für die Rolle der Quaden Foelke, der Herrin des tom-Brok-Clans, vorschlug. „Als ich die Rolle bekam, liefen mir kalte Schauer über", erinnert sie sich noch genau. Denn irgendwie bewundert sie die Foelke, die hübsche Häuptlingstochter aus Hinte, die der Volksmund immer nur die „Quade" rief. „Aber so quade war sie gar nicht." Natürlich hat Annegret Redinius die Bücher über Foelke Kampana gelesen. „Ihre Liebeskraft und Lebensklugheit hielten innerlich zusammen, was im Äußeren immer wieder vom Zerfall bedroht war", heißt es in der Kurzbeschreibung von Autorin Siever Johanna Meyer-Abich über die Ehefrau von Häupt-

ling Ocko tom Brok, der viel zu früh starb. Und so sieht es auch die Auricherin, die sich mit ihrem historischen Vorbild durchaus identifizieren kann. „Foelke hat sich mit den Leuten angelegt, um ihren Kindern beizustehen, für die sie nur das Beste wollte. Dass die Frau das ganz alleine geschafft hat, ist eine wahnsinnige Leistung."

Echten Ensemble-Geist, den bewiesen die Störtebeker-Darsteller im Übrigen allesamt. „Wir sind eine große Familie", sagt Redinius. Und das kann Bianca Ites, die 1999 die Rolle der Tetta spielte, nur bestätigen. „Alle werden gleich behandelt", schwärmt die junge Frau, die sich von ihrer Arbeitskollegin (Annegret Redinius: „Bianca hat einem ein Loch in den Bauch gefragt, bis ich gesagt habe: komm doch einfach mal mit!") für das Theaterspielen begeistern ließ und heute keine Minute davon mehr missen möchte. „Sie ist die ideale Besetzung", lobte Jakob Janshen, warnte aber im gleichen Atemzug vor einem Vergleich mit der 96er Tetta (Katharina de Boer). „Jede Schauspielerin interpretiert ihre Rolle anders."

Auch Otto Evers hatte „vor dem ganzen Szenario Angstgefühle". Aber der damals erst 19-jährige Darsteller des Keno, der wie Bianca Ites 1999 neu mit dabei war (1996 spielte der Auricher Heiner Alberts den Keno), hat diese Angst durch die „freundliche Atmosphäre in der Gruppe" schnell überwunden. Gleich dreimal hatte er die erste Inszenierung gesehen. Und

*Tetta mit ihrer Schwester Ocka
und den drei Blumenkindern*

Ausgelassene Stimmung herrscht auf dem Marktplatz, auch dank der „leichten Mädchen" aus Emden

als er den 96er Keno mit dem 99er verglich, stellte er fest, dass er härter und aggressiver geworden ist. Doch er versicherte: „Privat bin ich nicht so." Vor allem in den häufig lautstarken Szenen mit seiner Mut-

ter Foelke steckten viele Emotionen. „Sie gab einem unheimlich viel Kraft", sagt er über seine Partnerin Annegret Redinius. „Und die brauchte man auch." Von seinem bereits verstorbenen Vater bekam Evers einmal ein Buch mit der Widmung: „Ich hoffe, dass du nie auf die Wege von Störtebeker geführt wirst", geschenkt. „Nun bin ich bei Störtebeker dabei", sagte der Marienhafer nach seinem Engagement stolz und nannte es „Schicksal".

Ob nun Schicksal oder vielleicht doch nur purer Zufall: Der Emder Werner Nörtker wohnt jedenfalls mittendrin in der über 600 Jahre alten Geschichte. Wenn der Titelheld vor die Haustür tritt, liegen die Okko-tom-Brook- und die Störtebeker-Straße quasi gleich um die Ecke. Für Nörtker war die Titelrolle eine, „die ich schon immer gerne spielen wollte", beichtet er. „Raue Schale, weicher Kern. Ein wechselvoller Charakter. Ist immer für seine Mannschaft da. Oft brutal und doch sensibel. Irgendwo zwischen Himmel und Hölle."

Das ging selbst einem so erfahrenen Theatermann wie dem damals 44-Jährigen noch mächtig unter die Haut. Vor allem in den „Liebesszenen" mit Adda (Herma Janssen) oder Tetta (Bianca Ites) knisterte es. Wenn Störtebeker forschend Addas kleinen Enno anschaute und fragte: „Is dat mien Söhn?" Mit einer winzigen Sprechpause zwischen „dat"

Vor den Toren der Stadt treffen sich Störtebekers Gefolgsleute Niels, Gries und Trevor

und „mien". Und dann seiner verflossenen Liebe zärtlich durchs Gesicht strich. „Das ist eine so faszinierende Szene", schwärmt er noch heute. Gefühlvolles Theater. „Dafür muss man sich Zeit lassen." „Quade Foelke" in Dornum. Das „Geisterschiff" in Emden. Oder auch die „Reichsgräfin Sarah von Bentinck" in Westerstede. „Ich möchte vielseitig sein und suche die Herausforderung. Darum schlüpfe ich gerne immer wieder in andere Rollen." Der Verwaltungsamtmann, der für die Emder Friesenbühne seit mehr als 25 Jahren auf den Brettern steht, war gerade deshalb in den letzten Jahren bei allen größeren Freilichtspektakeln mit von der Partie. „Da kann man was mit nach Hause nehmen", profitiert nicht nur der Schauspieler von dieser wohl einzigartigen Erfahrung in der Zusammenarbeit mit Profiregisseuren wie Georg Immelmann oder Rudi Plent, sondern auch die Heimatbühne des Künstlers. Nörtker ist über die Tanzgruppe der Friesenbühne zur Schauspielerei gekommen. Bühnenbau, erste Statistenrollen bis hin zu den Freilichtspielen. „Das hat sich richtig aufgebaut." Und daher weiß der Hüne auch, was wichtig ist: „Die kleinste Rolle ist für das ganze Drumherum unverzichtbar." Darum freut er sich auch immer wieder, wenn er sieht, „mit welchem Eifer die Statisten bei der Sache sind". Und die kamen, wie beispielsweise der Männergesangverein, der

Die Hamburger Casper von der Hayde und Julius Wandmaker als Vertreter der Hanse

Turnverein oder die Störtebeker-Wichter, nicht nur aus Marienhafe, sondern nach einem öffentlichen Aufruf in den regionalen Tageszeitungen sogar aus Großefehn und Spetzerfehn.

Kleider machen Leute: Propst Hisko unter seinen „Mönchen"

Foelke Kampanas Töchter Tetta und Ocka, in der Mitte Adda, Häuptling Folkmar Allenas Frau

Luten Struwe, als Vertreter der Hanse, vertreibt schließlich den Abt und setzt Keno wieder als Herr des Brookmerlandes ein

Keno ist der alte und neue Herr über das Brookmerland

Äußerst interessant sind die oftmals ganz unterschiedlichen Reaktionen des Publikums. „Die können einen Schauspieler beflügeln, aber auch verunsichern." Nörtker guckt zwar Richtung Publikum, fixiert aber bewusst niemanden. „Ich gucke über die Köpfe hinweg." Manchmal, wenn es passt, geht er aber schon einmal auf Zuschauerkommentare ein. „Aber man darf nicht aus der Rolle aussteigen", weiß er. Und natürlich geht auch mal während einer Aufführung etwas schief. „Schließlich ist es immer wieder live." Deshalb ist Konzentration auch das oberste Gebot für die Darsteller. „Die steht im Vordergrund. Dafür ist das Spiel einfach zu wichtig und wertvoll." Auch Hänger im Text sollten sich die Schauspieler möglichst nicht erlauben. Denn eine Souffleuse gibt es beim Freilichttheater nicht. Konzentrieren muss sich Störtebeker auch, wenn er seinem Spitznamen gerecht wird und den Becher stürzt: „Ich stehe dann mit dem großen Krug auf dem Tisch und gucke in ein tiefschwarzes Loch." Und dabei hat er manchmal Probleme, das Gleichgewicht zu halten. Nicht vom vielen Bier, das natürlich keines ist. Sondern: „Weil das ganze Gesichtsfeld versperrt ist."

Weil jede Aufführung immer wieder anders ist, ist auch jede immer wieder eine neue Herausforderung. „So ein Stück wird nicht einfach 18mal durchgezogen. Man genießt es einfach." Von Routine also keine

Rede. Er freut sich jedes Mal auf die Premiere und das Feedback. „Es ist großartig, wenn man Erfolg hat." Und selbst wenn man – wie er – noch so lange auf der Bühne steht: das Lampenfieber gehört für Werner Nörtker natürlich auch immer mit dazu. „Aber erst kurz vorher", erzählt er. Dann meldet sich die Bühnenangst: „Als ob mir jemand in den Magen greift. Nach den ersten Sätzen löst sich das aber auf." Annegret Redinius bekommt schon eine Woche vor jeder Premiere „weiche Knie und eine dicke Kartoffel in der Kehle". Aber, und darin sind sich die Darsteller allesamt einig: „Ein schönes Gefühl!"

Vor der Premiere: Georg Immelmann probt

Tetta: „Du büst dat würklich, Mudder har doch Recht" (sie fasst ihn um). Störtebeker (wehrt sich): „Tetta, goh weg, wi dröfft nich tosomen sehn warn."

So steht es im Drehbuch von Autor Ingo Sax und so – in einem etwas anderen Dialekt allerdings – spielen es Bianca Ites und Werner Nörtker in den Rollen der Tetta und des Störtebeker auch überzeugend. Regisseur Georg Immelmann hängt seinen Darstellern gebannt an den Lippen. Für ihn war die Szene, war das „Sie fasst ihn um!" allerdings nicht überzeugend

Störtebeker fragt Adda:
„Is dat mien Söhn?"

genug. Kurze Manöverkritik: „Richtig ranschmeißen an den Störtebeker, Bianca. Volle Pulle ran. Es geht schließlich um Liebe und Tod."

Probentermin zu den Störtebeker-Freilichtspielen. Geprobt wird auf dem Hof des Schulzentrums Marienhafe. Bei der Premiere 1996 wurden die Szenen noch direkt unter dem Kirchturm im Ortszentrum geübt. „Hier haben wir ähnliche Wege wie auf dem Marktplatz und ganz wichtig: hier haben wir unsere Ruhe", sagt Jakob Janshen, der dem Regisseur bei der Arbeit hilfreich unter die Arme greift. Auch wenn das den Darstellern einiges an Vorstellungsvermögen abverlangt. „Da hinten stehen die Stadttore, da die Kirche und hier vorne die Tribünen", erklärt Janshen. Die Stadttore sind eine mannshohe Pforte in einem groben Maschendrahtzaun, die Kirche ein schmuckloser Flachbau und die Sitzplätze sind Holzpfähle, die wie die Orgelpfeifen aus dem Erdboden ragen. Stück für Stück arbeitet sich der erfahrene Regisseur mit seinen Darstellern nach vorne. Satz um Satz. Szene um Szene. Akt um Akt.

Hisko: „Künstlerin? Un wat för Kunst is dat?" Estrella: „Dat lett sick nich so mit een Wurd seggen, dat durrt 'n beeten, dat richtig to verstohn." Hisko: „Good, denn kumm morgen in 'n Beichstohl un denn vertellst du mi, wat du so kannst." Meta (zieht Estrella in Richtung Gasthaus): „Du büst wohl för gor nicks bang, wat?" Estrella: „Nee, nich, wenn 't um Mannslüüd geiht ..."

Andree Uphoff (Hisko), Heike Schüler (Estrella) und Hanna Janshen (Meta) waren überzeugend. Immelmann fand die Szene gut und sagt das auch: „Genauso! Wunderbar! Weiter!" Er hält kurz inne und ist im nächsten Moment wieder voll bei der Sache. „Wir machen bitte noch einmal von ‚Künstlerin'!" Der Regisseur, der neben den Störtebeker-Freilichtspielen auch die Bad Gandersheimer Domfestspiele betreut, ist ständig auf dem Schulhof unterwegs. Hektisch wuselt er im Schauspielerpulk umher und improvisiert, was zu improvisieren ist. O-Töne Immelmann: „Explosion!" Die Schauspieler schreien: „Boom!" Oder: „Bier, Bier, Bier! Zuerst muss der Bischof eins kriegen!" Oder: „Mit dem Halleluja kommen die Bürger. Hanna, du kommst raus, wenn du das Halleluja hörst!"

Seit Dezember 1998 arbeitet Georg Immelmann mit den Laiendarstellern – vorwiegend mit den 28 Hauptdarstellern – der Theatergruppen aus Emden, Hinte, Leezdorf, Wallinghausen, Norden, Upgant-

Schott, Aurich, Oldersum, Moordorf, Wirdum und Marienhafe an der Störtebeker-Fortsetzung. Nach einer schöpferischen Pause von Mitte Mai bis Anfang Juni, wird es Anfang Juli dann richtig ernst. Die heiße Phase. „Dann wird täglich geprobt", erklärt Jakob Janshen. „Und dann kommen auch die ganzen Chöre hinzu." Einzelne Puzzleteile müssen zu einem Ganzen zusammengefügt, über 150 Darsteller auf der Bühne dirigiert werden. Am 14. Juli steht dann die Tonprobe auf dem Terminkalender, am 15. Juli die Generalprobe und am 16. Juli ist schließlich Premiere. Bis dahin muss alles klappen. Keine leichte Aufgabe. „Aber Georg", ist Janshen, den mit Immelmann eine „20jährige kleine Freundschaft verbindet", felsenfest überzeugt, „kriegt das schon hin. Das kann man mit keinem anderen Regisseur machen. Er hat seine genauen Vorstellungen und weicht davon auch nicht ab." Auch von den Schauspielern gibt es für den gebürtigen Berliner nur Lob. „Er gibt uns die Kraft, dass wir uns in die einzelnen Rollen hineinversetzen können", bekundet Annegret Redinius, die wieder in die Rolle der Foelke Kampana schlüpft.

Störtebeker macht seinem Namen alle Ehre

Entsprechend konzentriert wird bei den Proben gearbeitet. Da werden noch einmal Rollentexte studiert, Zigaretten geraucht, Tee getrunken. Jeder weiß ganz genau, was er zu tun – und vielleicht noch wichtiger: was er zu lassen hat. Wenn die leise Unterhaltung im Hintergrund dann doch mal zu laut wird, zischt der Regisseur: „Pscht!", und bittet um Ruhe. Keiner lacht, wenn mal auf der Bühne etwas schief geht. Konstruktive Kritik oder Tipps gibt es in Schauspielerkreisen natürlich schon. Auf alles kann Immelmann nun einmal nicht achten. Beispiel: „Anne Kaimuur an 'n Hoben sünd veel Steen locker, de schüllt se wedder fast insetten." So steht es im Drehbuch. Und daran hält sich der Norder Andree Uphoff, der die Rolle des Emder Geistlichen verkörpert, auch. „Die Steine sitzen aber löss und nicht locker", korrigiert die Auricherin Herma Peters (Adda) auf die nette Art ihren Kollegen. Und der ist darüber überhaupt nicht böse. Im Gegenteil: „Das Stück wird nun einmal in plattdeutscher Sprache aufgeführt und muss eine bestimmte Qualität haben. Darauf achten wir." Und beim nächsten Durchgang sitzen die Steine dann tatsächlich „löss".

Aber auch Szenenapplaus gibt es beim Probedurchlauf schon mal. Als Siebrandt von Loquard zusammen mit seinem Vater Brunger seine Verlobte Tetta plötzlich in den Armen von Störtebeker sieht,

stellt er den verruchten Piraten zur Rede. „Wies ehr leeber, dat du ehr leef hesst un dat se sick op 'n Leeven mit die freih'n kann, anners warrst du dien Leeven lang kuschen", rät Störtebeker dem gekränkten Bräutigam und legt zum Trost die Hand auf seine Schulter. Tief in Gedanken versunken steht Siebrandt noch eine Weile da und tritt dann sichtlich geknickt ab. Hinrich Erdwien (Siebrandt), Heinz Hoffmann (Brunger von Loquard und Vater von Siebrandt) und Werner Nörtker (Störtebeker) waren überzeugend. Das finden auch die Kollegen. „So eine schöne Szene", schwärmen sie und klatschen kräftig Beifall. Und auch Georg Immelmann ist vom Spiel seiner Darsteller überzeugt: „Sätze werden nicht gesprochen, sie werden gespielt", sagt er immer. Und auch Jakob Janshen ist ganz angetan: „Die Rolle vom Siebrandt ist Hinrich einfach auf den Leib geschrieben."

Musik für Störtebeker: Gerd Brandt und die Gruppe „Laway"

Wenn Störtebeker seine Auftritte auf der großen Freilichtbühne unter dem markanten Kirchturm in Marienhafe hat, dann kommt er nicht einfach nur so auf die Bühne. „Er hat seinen Auftritt",

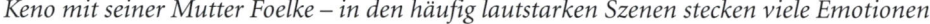

Keno mit seiner Mutter Foelke – in den häufig lautstarken Szenen stecken viele Emotionen

erklärt Gerd Brandt, der mit seiner Gruppe Laway – wie schon 1996 – für den guten musikalischen Ton beim Festival sorgte.

„Aber diesmal machen wir es anders", sagt Brandt, den alle eigentlich nur „Balu" nennen. Im Gegensatz zu 1996 verzichtete Laway 1999 auf die Elektronik. „Beim letzten Mal haben wir noch mit so genannten Samples gearbeitet." Die elektronische Musik auf dem gleichnamigen Störtebeker-Album war dem Wilhelmshavener aber zu steril. „Mit traditioneller Musik muss man bestimmte Standards erfüllen, um regional wie auch überregional bestehen zu können", erklärte der erfahrene Bandleader, der gebürtig aus Rhauderfehn stammt, in Emden studierte und den es 1976 nach Wilhelmshaven verschlug, zu den Ansprüchen des Folk-Ensembles. „Fünf Musiker, 25 Instrumente und ein Repertoire mit Liedern, Balladen und Tanzmelodien aus dem Nordwesten Deutschlands, das ist Laway", schreibt die Band in einer Kurzbeschreibung über sich selbst. Und Laway, so nannten die Deichbauarbeiter im Jeverland im 17. Jahrhundert ihre wilden Streiks, gibt es schon gut 25 Jahre – damals allerdings noch in anderer Besetzung. 1996, pünktlich zu den Störtebeker-Festspielen, meldete sich das neuformierte Quintett – zu dem neben Brandt noch der Jeveraner Wolfgang Höfer, Tilo Helfensteller aus Rhauderfehn, Jörg Fröse aus Emden

und die Schortenserin Petra Fuchs gehören – eindrucksvoll zurück. Nach drei Comeback-Jahren im Konzertgeschäft stellte der Leadsänger erleichtert fest: „Man nimmt uns wieder wahr. In diesem Jahr spielen wir wieder in der Bundesliga mit." So waren allein 1999 über 60 Konzerte (von Schleswig-Holstein bis nach Süddeutschland) zu absolvieren. „Gute Folkmusik muss nicht immer aus Irland kommen", sagt Brandt, der in den plattdeutschen Texten auch keine unüberwindbaren Sprachbarrieren sieht. Und er muss es schließlich wissen, denn er verlegt mit seinem Label Artychoke ausschließlich plattdeutsche Musik. „Gälisch versteht ja auch nicht jeder." Die Musik zur *För 't lieke Deel*-Aufführung hat Laway in weniger als zwei Monaten entwickelt.

„In diesem Jahr hatten wir wesentlich mehr Zeit", sagt Brandt und ist darüber auch heilfroh. So blieb genügend Raum für die notwendige Recherche. „Ich habe viel über die damalige Zeit gelesen und Renaissance-Musik gehört. Ich wollte einfach wissen, was typisch für diese Epoche war." Und darauf legt der Komponist Wert: „Zu einem historischen Schauspiel gehört auch historische Musik." Entwickelt haben die Laway-Musiker ein schlüssiges Konzept. „Die Musik soll die Schauspieler tragen. Das Publikum soll schon an der Melodie erkennen, wer die Bühne betritt." Auch wenn „Balu" auf wesentliche Elemente

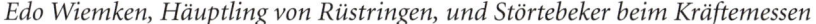

Edo Wiemken, Häuptling von Rüstringen, und Störtebeker beim Kräftemessen

Meta, die Wirtin, weiß, was Piraten mögen

Hier wird er wieder gefüllt, der berühmte Becher

Betroffenheit auf allen Gesichtern …

Soll Keno wirklich gehängt werden?

Das Finale 1999

der ersten Platte zurückgriff, musste er vieles doch wieder umschreiben. „Tetta ist kein pubertierendes Mädchen mehr, sondern eine junge Frau." So musste auch die Musik eine andere sein. Piratenbraut Dagni ist Norwegerin und setzt sich musikalisch mit lustigen skandinavischen Liedern ab. Auftritte oder Dialoge ohne Musik? Das kann sich der Vollblutmusiker jedenfalls nicht vorstellen. „Denn was wäre der Titanic-Film ohne die ergreifende Musik gewesen?"

Darsteller von 14 ostfriesischen Bühnen

Verdienten Erfolg kann man genießen, doch er verpflichtet auch und nährt die Erwartungshaltung des Publikums. Wieder war der Applaus des Jahres 1999 kaum verklungen, wieder hatten die Störtebeker-Freilichtspiele über 20 000 Menschen begeistert, da tagte die Arbeitsgruppe Störtebeker-Festspiele und fällte die Entscheidung, dass Störtebeker weiterleben muss. Zumindest auf der Bühne.

Dabei hätte der Seeräuber eigentlich sterben müssen, wenn man sich weiterhin an das 600-jährige Jubiläum gehalten hätte. Dieses Jubiläum war schließlich der Anlass für die ersten Freilichtspiele im Jahr 1996 gewesen, denn 1396 war Störtebeker mit seinen Liekedelern erstmals in Marienhafe erschienen. Demnach hätte er im Jahr 2002 sein bekanntes Ende finden müssen. Nach einer Eintragung in den Hamburger Jahrbüchern wurde der Seeräuberhauptmann 600 Jahre zuvor hingerichtet: „Anno 1402 ward Wichman unde Stortebeker afgehouwen altohand na Feliciani." Mit „Feliciani" ist der 20. Oktober gemeint.

Der Marienhafer Störtebeker-Experte Harm Bents nimmt an, dass die Hamburger schon ein Jahr früher den Seeräubern, die 1401 von England-Fahrern vor Helgoland überwältigt worden waren, den damals üblichen kurzen Prozess gemacht hatten. In jenem Jahr gaben die Stadtväter nachweislich 193 Pfund und sieben Schilling für die Unterbringung und Bewachung von Holländern, Friesen und Vitalienbrüdern aus.

600 Jahre später machten die Mecklenburger, die sich an das Jubiläum hielten, Störtebeker um einen Kopf kürzer, mit der malerischen Bucht von Ralswiek auf Rügen als Naturkulisse. Einige Ostfriesen ließen

sich das schaurig-schöne Schauspiel nicht entgehen, darunter Jakob Janshen aus Oldersum, erster Vorsitzender der Arbeitsgemeinschaft Ostfriesischer Volkstheater, der die dritten Freilichtspiele in Marienhafe im Rahmen eines Arbeitskreises organisierte. „Die haben eine richtige Köpfmaschine", berichtete er nach seiner Rückkehr von den dortigen Freilichtspielen. „Die wollten sie uns sogar ausleihen." Die „Köpfmaschine" wurde im ersten Zyklus der Rügen-Festspiele bei der 5. Folge (1997) und im zweiten bei der 4. Folge (2001) eingesetzt. Das Angebot, sie nach Marienhafe auszuleihen, machte der Intendant Peter Hick in einer netten Gesprächsrunde mit den Arbeitskreismitgliedern. Es wurde vereinbart, im „Bedarfsfalle" auf das Angebot zurückzukommen.

Für die Freilichtspiele des Jahres 2002 entschied man sich für ein Stück, in dem alle ihren Kopf behalten und die Frauen noch dazu einen kühlen Kopf bewahren. Wie in den Jahren 1996 und 1999 setzte man, von wenigen Ausnahmen abgesehen, auf das bewährte Team. Auf den vertrauten Regisseur musste allerdings verzichtet werden. Für Georg Immelmann, der die Bad Gandersheimer Festspiele inszenierte und daher keine Zeit hatte, übernahm Frank Grupe, Chefdramaturg des Hamburger Ohnsorgtheaters, die Regie. Ingo Sax, Autor der ersten beiden und auch des neuen Stückes, hatte ihn als „sorgfältigen und behutsamen" Regisseur empfohlen. Seine Erfahrungen, die er unter anderem bei Inszenierungen in Flensburg, Bremen und Hamburg, bei Arbeiten mit einer eigenen Gruppe und bei Festspielen im bayrischen Nördlingen und Aalen sowie im friesischen Jever gesammelt hat, kamen nun den Ostfriesen zugute. Grupe wusste wiederum die Gastfreundschaft und Einsatzbereitschaft der Ostfriesen sehr zu schätzen. „Vor allem: Alle sprechen ein richtiges Platt", freute sich der Ohnsorg-Profi.

Im großen Störtebeker-Schiff saßen aber nicht nur die Darsteller von diesmal 14 ostfriesischen Bühnen. Auch die Tanzgruppe des Turnvereins Marienhafe und zahlreiche Statisten aus dem Ort machten mit. Der Männergesangverein Concordia Marienhafe stellte wieder einen großen Teil der Seeräuber und Mönche, der Feuerwerker Rolf-Dieter Janßen aus Zetel sorgte nach bewährter Manier für Knall- und sonstige Effekte, und das Kostümbildner-Team von Venna Denef und Folmine Elster hatte wie gewohnt alle Hände voll zu tun. Neu war die Maskenbildner-Truppe, die unter der Anleitung von Ingrid Nehrke

*Siebrandt, Tetta, Brunger und Foelke
im Streitgespräch*

aus Verden unter anderem gelernt hat, wie man blaue Flecken, Wunden und Narben schafft, ohne dass es weh tut. Die Musik stammte wie immer von der Folkband Laway, die diesmal jedoch live und in historischen Kostümen auf der Bühne agierte. Der gleichnamige Titelsong der 2002er Festspiele – *Gold, Füür un Isen* – erwies sich schnell als Ohrwurm, der nicht nur die rund 150 Akteure begeisterte.

Das 2002er Stück: Gold, Füür un Isen

In den Marienhafer Freilichtspielen werden Probleme mit Köpfchen, List und Tücke gelöst und nicht mit Gewalt, obwohl es an turbulenten Action-Szenen nicht mangelt. Auch im dritten Stück aus der Feder des Hamburgers Ingo Sax, das am 14. Juni 2002 Premiere hatte, tricksen die Seeräuber die Pfeffersäcke von der Hanse gehörig aus. Vor allem das weibliche Publikum hatte an *Gold, Füür un Isen* besonders viel Freude, denn die mittelalterlichen Machos haben in diesem Stück nichts zu lachen.

Zu Beginn ist die Welt noch in Ordnung: Es werden Vorbereitungen für das alljährliche Wollfest auf dem Marktplatz getroffen, und die ersten Schiffe mit Kaufinteressenten treffen ein. Die Schafzüchter verstauen über 200 Ballen im Lagerhaus, und Keno freut sich auf ein gutes Geschäft. „Wull ut Freesland is de beste in de Welt, de kannst du in Flandern so düür verkööpen as du man wullt."

Der Schafzüchter Tjerk von Upgant (neu dabei: Horst Klamt), der am meisten Wolle eingebracht hat, wird Wollkönig und erhält zur Belohnung den schottischen Schafbock Wotan, der über 40mal am Tag seine Pflicht tun kann. Auf Wunsch von Pater Almer (Walter Julius) bekommt das potente Tier einen christlichen Namen: Salomo. Den schlägt ausgerechnet Ocka (Heike Müller-Feldmann) vor, die kesse Schwester von Keno tom Brok und Tochter von Foelke Kampana (Annegret Redinius): Salomo habe schließlich auch viele hundert Weiber gehabt und sie alle glücklich gemacht. Daraufhin erhält sie einen scharfen Verweis von ihrer gestrengen Mutter, die aus der selbstbewussten jungen Frau eine züchtige Ehefrau machen will. Während des Wollfestes wird Foelke mit Hero von Dornum (Heinz Hoffmann) handelseinig: Sein gehbehinderter Sohn Luitet von Nesse (neu: Harald Albrechts) soll das aufmüpfige Töchterchen heiraten. Als Foelke am Ende die Verlobung verkündet und Luitet seiner Zukünftigen näher kommen will, fängt er sich eine Ohrfeige ein, die vermutlich nicht die einzige bleiben wird.

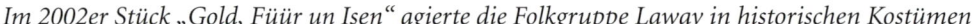

Im 2002er Stück „Gold, Füür un Isen" agierte die Folkgruppe Laway in historischen Kostümen

Frauenpower herrscht auch bei den Seeräubern. Dagni (diesmal gespielt von Helga Reck) erteilt zwei Männern, die sich abfällig über Frauen äußern, eine handfeste Lektion: dem Schafzüchter Tjerk und Pater Anselmus (Peter Stein), einem Mönch aus Corvey, der sie am liebsten als Hexe verbrennen würde. „Isen regeert de Welt", klärt sie den frommen Mann auf. „Un Füür ok. Un Gold eers recht. Allns annere geiht mol to Enn'n, ok de Macht von dien Kark." Während sie die beiden Frauenverächter mit Brachialgewalt in die Knie zwingt, besiegt sie die Hanse mit Köpfchen.

Nicht Schiffer Rosinski aus Nowgorod, der den Ostfriesen im Jahr zwölf Taler pro Ballen bezahlt hat, ist in den Hafen eingelaufen, sondern der Hanseat Johann ter Horst aus Bremen, in den sich Andree Uphoff diesmal verwandelt hat. Die Hanse hat das russische Schiff beschlagnahmt, erfährt Keno. Auch für die Brookmerlander sind allem Anschein nach die guten Zeiten vorbei, denn die Hanse hat das Handelsprivileg für Wolle in Flandern erworben und kann somit den Preis diktieren. Mehr als sieben Taler will sie nicht geben – das aber würde für die ostfriesischen Schafzüchter den Ruin bedeuten.

Das Wollfest löst sich in Empörung auf. In dieser Situation treffen die Piraten in Marienhafe ein. Sie wollen ihre Schiffe reparieren und brauchen dafür das Holz von dem beschlagnahmten Schiff aus Nowgorod. Störtebeker gibt sich ter Horst gegenüber als ehrbarer Kaufmann Peter von Ossenbrügge aus und kauft ihm die gesamte Schiffsladung ab. Darunter entdecken die Seeräuber ein Kanonenrohr – Waffenschmuggel ist zu allen Zeiten ein gutes Geschäft. Schmied Martin (Georg Buck) erhält den Auftrag, die fehlenden Teile zu fertigen, und Seeräuberbraut Dagni freut sich schon: Sie möchte auch einmal mit einer Kanone schießen. Störtebeker ist dagegen; Frauen haben an einer Waffe nun einmal nichts verloren.

Doch kehren sich die Rollen bald um, denn die Männer brauchen Rat. Durch das Preisdiktat der Hanse fehlt Keno Geld, um das Material zu kaufen, das er für Ausbesserungsarbeiten im sturmgeschädigten Hafen dringend braucht. Störtebeker denkt laut nach: Wenn seine Schiffe in Ordnung wären, könnte Keno die gesamte Wolle an ter Horst verkaufen, und die Seeräuber würden sie ihm auf hoher See wieder abnehmen. Das bringt Dagni auf die rettende Idee. Sie entwickelt einen raffinierten Plan, in dem die Angst vor der vielerorts grassierenden Pest eine wichtige Rolle spielt. Keno und Störtebeker, die von ihr nach

und nach eingeweiht werden, bleibt nichts anderes übrig, als ihr zähneknirschend zu gehorchen. „Büst du seeker, dat du noch dat Kommando hest?", fragt Keno, und Störtebeker muss zugeben, dass Dagni ihm zumindest an Land ab und an überlegen ist. „Se is listig as 'n Giftslang."

Wie sie ihm geraten hat, verkauft Keno seine gesamte Wolle an ter Horst und sagt ihm, das sei nur die Hälfte. Die andere Hälfte will die junge Frau angeblich erwerben, um daraus in Norwegen Pullover stricken zu lassen. Der Hanseat kann es nicht fassen. „Du wullt di also mit de Hanse anleggen? 'n Froo tegen de Hanse?" Das Lachen vergeht ihm allerdings schon bald, denn Dagnis Plan geht auf. Zum Schluss ist die Welt im Brookmerland wieder in Ordnung. Das ganze Dorf feiert, und Störtebeker leert den berühmten Humpen „up Gold, Füür un Isen".

Der große Erfolg auch dieses Stückes sichert Störtebekers Zukunft, der im Jahr 2005 erneut in Marienhafe Einzug halten wird. Ob er allerdings diesmal seinen Kopf verlieren wird, ist noch offen. Fest steht jedenfalls, dass auch 2005 die Arbeitsgruppe Störtebeker-Festspiele, die große Schauspielerfamilie und das gesamte Störtebeker-Team ihr Bestes geben werden, um ihr Publikum niveauvoll zu unterhalten.

Der Hanseat Johann ter Horst aus Bremen kann es nicht fassen: „'n Froo tegen de Hanse?"

Die Liekedeler kehren zurück

Das ganze Dorf feiert mit Musik, Gesang und Tanz

Die Musikanten eröffnen das Wollfest

Störtebeker und die Brookmerlander „Oberschicht"

Star des Wollfestes ist „Wotan", der neue Vererber. Auf ihn warten viele Schafe

*Dagni, die Gefährtin Störtebekers,
will Pater Anselmus an den Kragen*

Ocka, Foelke Kampanas Tochter, mischt sich gern unters Volk

Estrella, Schankwirtin Metas „Animiermädchen", zieht die Schafzüchter Tjerk und Focko in ihren Bann

*Feuer im Hafen –
gebannt schauen alle zu*

Schmied Martin begutachtet das Kanonenrohr aus der beschlagnahmten Schiffsladung

Er erhält den Auftrag, die fehlenden Teile zu fertigen

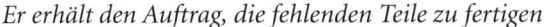

Dagni erklärt den Schafzüchtern ihren Plan

Kommt es zum Kampf zwischen den Brookmerlandern und der Hanse?

Störtebeker leert den Krug
„up Gold, Füür un Isen"

– Teil 2 –

Herkunft der Vitalienbrüder

Die Seeräuberei – ein uraltes Gewerbe

Seeräuber gibt es seit Jahrtausenden. Sie haben das Bild der Welt und die Entwicklung ihrer Geschichte vielfach entscheidend mitbestimmt. Piraten gab es zur Zeit der Pharaonen und während des römischen Imperiums. Piraten halfen mit, die Seemacht Großbritanniens zu begründen. Und auch heute noch sind sie auf den Weltmeeren aktiv. Immer öfter werden Frachter, Tanker und Yachten ausgeplündert oder entführt.

Über Piraten ist viel geschrieben worden – in Abenteuerbüchern, Comic-Heften und Romanen. Meist werden sie säbelschwingend mit Augenbinde, Stelzfuß oder Hakenprothese dargestellt. Sie werden als verwegene Burschen geschildert, die natürlich für das Gute – womit meistens die eigenen Interessen gemeint sind – und gegen die bösen Reichen kämpfen und so ihr Scherflein zur Gerechtigkeit beitragen.

Die Wirklichkeit bietet allerdings ein vielfältigeres Bild. Die Reihe der Piraten reicht vom armen Teufel

Albrecht von Mecklenburg übergibt seinem Sohn Albrecht III. die Fahne Schwedens

bis zum adeligen Gutsherrn, vom kleinen Bootsmann bis zum Admiral, vom Ausgestoßenen bis zum Forscher, vom Tagedieb bis zum Advokaten, vom Wegelagerer bis zum Politiker.

In diese Reihe passen auch die Seeräuber, die in der Geschichte der Hanse eine besondere Rolle spielen. Auch sie werden für politische Zwecke, d. h. zugunsten einzelner Machthaber oder auch zum Nachteil anderer, eingesetzt. Das Besondere ist allerdings, dass sie nicht aus einzelnen hergelaufenen und nur das Abenteuer suchenden Raubgesellen bestehen, sondern in größeren geordneten Scharen auftreten, vielfach unter adeliger Führung.

Die Hanse war eine Handelsgemeinschaft, deren Entwicklung im 12. Jahrhundert begann. Zunächst war sie ein Zusammenschluss von Kaufleuten. Etwa Mitte des 14. Jahrhunderts wurde daraus ein Bund von zirka 80 Städten, deren Anzahl sich in der Glanzzeit mehr als verdoppelte. Die Führung übernahm die Reichsstadt Lübeck. Mittelpunkt der hansischen Wirtschaftsmacht war der Ostseeraum. Ihr Machtbereich erstreckte sich auf sächsisches Gebiet, Brandenburg, Westfalen, den Niederrhein, den norddeutschen Raum mit Hamburg und Bremen und auch auf Städte der Niederlande. Ihr Einfluss aber reichte noch darüber hinaus bis zu den Außenkontoren in Brügge, London, Bergen und sogar bis zum russischen Nowgorod.

Der Bund der Hanse verfügte weder über Kriegsflotten und Heere noch über Territorien oder eigene Finanzen. Seine Machtposition wurzelte vielmehr in wirtschaftlichen Interessen und einem trotz häufig unterschiedlicher Auffassungen vorhandenen starken Solidaritätsgefühl. Die Hanse konnte so zu einer politischen Macht ersten Ranges in Nordeuropa werden. Ihre einzige organisatorische Einrichtung waren die „Hansetage", die Hauptversammlungen der Städte, zu denen in unregelmäßigen Abständen aus besonderen Anlässen eingeladen wurde. Zu solchen Anlässen trugen die Seeräuber häufiger bei, als den Städten und vor allem ihren Kaufleuten lieb war. Über die Versammlungen wurden regelmäßig Niederschriften, die „Hanserecesse", gefertigt. Diese Protokolle erlauben einen umfassenden Rückblick auf das damalige Seeräuber(un)wesen. Allerdings darf man nicht vergessen, dass diese Recesse von den eigenen Schreibern verfasst wurden. Die Parteien der „Gegenseite", seien es nun die Seeräuber, die ostfriesischen Häuptlinge oder nicht dem Hansebund angehörende Städte, hätten sicherlich manches anders dargestellt.

Vor diesem Hintergrund ist die Vorgeschichte von Störtebeker und den Vitalienbrüdern zu betrachten. Schaubühne ist allerdings noch nicht die Nordsee und Ostfriesland, sondern das Gebiet der Ostsee, früher als „Baltisches Meer" bezeichnet.

Nach dem Tod des dänischen Königs Waldemar IV. am 24. Oktober 1375 standen sich die Ansprüche zweier seiner Enkel auf den Thron gegenüber, und zwar von Albrecht, Sohn des Herzogs Heinrich III. von Mecklenburg und seiner Frau Ingeborg (älteste Tochter von Waldemar) und zum anderen von Olaf, Sohn des Königs Hakon von Norwegen und seiner Frau Margarethe, der jüngeren Tochter Waldemars.

Um diese Thronfolge entspannen sich Streitigkeiten, in denen beide Seiten versuchten, Unterstützung zu finden. Dabei konnte die Hilfe der Hansestädte wichtig sein, denn diese hatten vom dänischen Reichsrat am 24. Mai 1370 das Vorrecht erhalten, nach dem Tode Waldemars der Wahl seines Nachfolgers zuzustimmen oder das Ergebnis abzulehnen.

Margarethe versuchte mit Versprechungen und auch mit Geschenken an dänische Adelige, den Thron für Olaf zu sichern. Albrecht dagegen verscherzte sich die Sympathie des Adels, indem er eigenmächtig den Titel eines Königs zu Dänemark annahm und sich mit Dänemarks Erbfeinden, den Grafen zu Holstein, verbündete. Der Adel wählte Olaf daraufhin 1376 zum König von Dänemark. Die Hansestädte hätten zwar ein Veto einlegen können, hielten sich aber zurück; sie wollten wohl nicht in einen Interessenkonflikt geraten, bzw. ihre Einzelinteressen waren zu unterschiedlich ausgerichtet.

In den Jahren 1375/76 häuften sich auf den Hansetagungen die Klagen über die Seeräubereien. Während die Hansestädte Gegenmaßnahmen berieten, stellten sich die Mecklenburger um Albrecht II. offen auf die Seite der Seeräuber und warben unter ihnen zum Kaperkrieg gegen Dänemark. Einzelne und Gruppen dieser bisher undisziplinierten Gesellen wurden in die Dienste mecklenburgischer Adeliger aufgenommen und eingebunden. Zum ersten Mal in den nordischen Streitigkeiten setzte hier eine reguläre Herrschaft Räuber ein, um ihre politischen Ziele durchzusetzen.

Königin Margarethe von Dänemark
(Alabastermodell, St.-Annen-Museum Lübeck)

Die Städte kamen überein, sich zu schützen, indem sie „Friedeschiffe" einsetzten. Diese Friedeschiffe oder Friedekoggen hatten die Aufgabe, „Aufruhr und Hinterlist von frevelhaften Seeräubern zu vermeiden und die See zu befrieden". Die Besatzungen bestanden aus Söldnern, während die Hauptleute „Ratmannen" waren.

Die Kosten für die Ausrüstung sollten durch das so genannte Pfundgeld, eine Art zusätzlicher Handelszoll, bestritten werden. Diese Abgabe wurde insbesondere von den Städten erhoben, die sich nicht direkt an den Unternehmungen beteiligten. Außerdem gab es noch „Nebeneinnahmen", denn die Güter, die die Besatzungen der Friedeschiffe (zurück)eroberten, wurden, so weit sie nicht aus hansischem Bürgergut bestanden, unter der Mannschaft verteilt.

Die Hebung des besonderen Pfundgeldes war unter den Städten jedoch umstritten. Insbesondere Lübeck, Stralsund und Greifswald standen plötzlich nicht mehr zu den ursprünglichen Beschlüssen. Auch Rostock und Wismar machten 1378 nicht mehr mit. Die ganze Aktion geriet in Gefahr. Allerdings verhielten sich die Seeräuber um diese Zeit relativ ruhig, besonders natürlich gegenüber den Mecklenburgern.

Der Tod Herzog Albrechts II. (des Älteren) von Mecklenburg im Februar 1379 führte eine Änderung der Verhältnisse herbei. Albrechts Sohn Heinrich III. besaß nicht die Angriffstalente seines Vaters, sondern verhandelte lieber, was jedoch wenig erfolgreich war. Dessen Sprössling, Albrecht der Jüngere von Mecklenburg, für den der Streit geführt wurde, legte 1381 notgedrungen den angenommenen dänischen Königstitel ab.

Offenbar hatten die Seeräuber inzwischen bei den Dänen Aufnahme gefunden. Da nun kein Kriegszustand mehr mit Mecklenburg bestand, richteten sich ihre Räubereien nur gegen die Kaufleute der Hanse. Margarethe mischte hier kräftig mit. Die königlichen Vögte und Adeligen nahmen sogar selbst an den Räubereien teil. Die Hansestädte beschuldigten die Dänen jedenfalls offen der Unterstützung der Seeräuber und forderten Schadenersatz. Dies führte zwar nicht dazu, dass die Dänen bei der Bekämpfung des Unwesens halfen, allerdings übernahmen sie eine gewisse Vermittlungstätigkeit, die schließlich den Frieden zwischen den Städten und den Seeräubern brachte.

Von langer Dauer war dieser Friede indessen nicht, denn 1384 wurden erneut Friedeschiffe eingesetzt. Die Macht der Seeräuber war wieder so gewachsen, dass man sogar eine Verdoppelung der Anzahl der Friedeschiffe beschloss. Hieran beteiligten sich auch die Dänen, und die Preußen zahlten ebenfalls einen Beitrag. Ein Jahr später gab es jedoch wieder Finanzierungsschwierigkeiten. Um Streitereien hierüber zu vermeiden, griff man zu einer nicht nur für die damalige Zeit bemerkenswerten Maßnahme: Man übertrug die Bekämpfung der Seeräuber einem Privatmann, nämlich dem Sohn des Stralsunder Bürgermeisters, Wulf Wulflam. Dieser erhielt neben einer Pauschalentschädigung von 5000 Pfund eine Kogge mit 100 Mann Besatzung, eine Snicke (kleines Kriegsschiff), acht Armbrüste, schweres Geschoss und mehrere Büchsen.

Es kann angenommen werden, dass der private Schutz nicht erfolglos war, denn 1386 war keine Ausrüstung von Friedekoggen nötig. Dabei ist allerdings zu bedenken, dass Königin Margarethe, die als Vormund für ihren Sohn Olaf fungierte, nicht mehr so sehr den Seeräubern, sondern jetzt den Hansestädten gewogen war.

Im Herbst waren offenbar auch die Piraten kriegsmüde. Am 28. September 1386 wurde ein Friedensvertrag auf Vermittlung Margarethes zwischen den Dänen und der Hanse einerseits und einigen adeligen Seeräubern auf der anderen Seite geschlossen. Sicherheitshalber schlugen die Preußen aber vor, nur noch in Flotten von zehn Schiffen zu segeln. Dies hat sich, wie es scheint, bewährt, denn bis 1390 hörte man nur wenig von Räubereien.

Nachdem der Vater Albrechts von Mecklenburg 1383 gestorben war, hatte sein Onkel Albrecht III. von Mecklenburg und König von Schweden sich seiner angenommen. Im Jahr 1387 verstarb König Olaf, ein Jahr später auch Albrecht von Mecklenburg. Bisher hatte Margarethe für ihren Sohn die Regentschaft geführt, jetzt wurde sie auch offiziell Königin von Dänemark und Norwegen. Margarethe wollte eine Vereinigung der drei Reiche Dänemark, Norwegen und Schweden unter ihrer Regierung erreichen. So entbrannte ein Kampf zwischen ihr und König Albrecht III. von Schweden. Die Position, die dieser in Schweden hatte, war allerdings nicht sehr stark. Er beherrschte nicht einmal die Landessprache. Außerdem hatte er sich nach Mecklenburg begeben, um von dort aus die weitere Entwicklung abzuwarten. Nach langen geschickten diplomatischen Verhandlungen erreichte Margarethe schließlich, dass Adel und Klerus ihr im März 1388 die Krone Schwedens anboten.

Albrecht besorgte sich nun seinerseits Hilfe aus Mecklenburg. Er musste sich aber nach seiner Rückkehr in der Schlacht bei Falköping am 24. Februar 1389 der Königin als Gefangener ergeben.

Margarethe brachte König Albrecht und seinen Sohn Erich nach Burg Lindholm hinter „schwedische Gardinen". Sie wollte beide nicht freilassen, bevor sie nicht auf die Krone Schwedens verzichtet hatten. Inzwischen hatte Margarethe fast ganz Schweden eingenommen, nur Stockholm stand zu König Albrecht. Zwar versuchten die Dänen, die Stadt zu nehmen, aber die Belagerten widerstanden. Nun ergriffen die Verwandten des gefangenen Königs, die Herzöge von Mecklenburg, unter Führung Herzog Johanns I. die Initiative. Mit Hilfe von Rostock und Wismar wurde eine Flotte ausgerüstet, um Stockholm zu befreien. Aber der Versuch misslang.

Um ihre Truppen zu stärken, griffen die Mecklenburger dann 1391, vielleicht auch schon 1390, auf das bewährte Mittel zurück, sich der Seeräuber zu bedienen. Die mecklenburgischen Häfen wurden ihnen geöffnet, und sie konnten *up eygene eventure das rike czu Denemarken schedigen,* auf eigenes Risiko (Gefahr, Kosten und Gewinn) das dänische Reich schädigen.

Die Aktion hatte einen außerordentlichen Erfolg; allerdings ist einleuchtend, dass sich unter diesem Volk viel Gesindel befand, das unter dem Vorwand, für König Albrecht zu kämpfen und Stockholm mit Lebensmitteln und anderen Bedarfsgegenständen zu versorgen, in erster Linie für sich selber sorgte. Zudem wurden von den Herzögen für ihre Häfen sowie von den Städten Rostock und Wismar Geleit- und Bestallungsbriefe ausgegeben, um die Bergung und den Verkauf des geraubten Gutes zu erleichtern. Diese Papiere wurden Stehl- und Kaperbriefe genannt, was sie in Wirklichkeit wohl auch waren.

Um diese Zeit (1390) taucht hier die Bezeichnung „Vitalienses" = Vitalienbrüder auf. Allgemein wird dieser Name mit Lebensmitteln (victualien), womit die belagerten Stockholmer ja versorgt werden sollten, in Verbindung gebracht. Ähnliche Bezeichnungen (vitaillers, vitalia, vitailes) kommen aber schon früher in Frankreich und England vor, und auch hier in Verbindung mit Räubern und Seeräuberschiffen. So ist zu erklären, dass die Hamburger auch die Piraten der Nordsee als „Vitalienbrüder" bezeichneten und dass diese besonders von den seefahrenden Kaufleuten gefürchtet waren, denen sie ihre „Vitalien" und ihr Hab und Gut schonungslos wegnahmen.

Übrigens: König Albrecht nannte Margarethe den „König ohne Hosen", und er hatte sich vorgenommen, ihr eine Schlafmütze aufzusetzen. Nach ihrem Sieg rächte Margarethe sich, indem sie Albrecht bei seiner Gefangennahme eine Narrenkappe aufsetzte.

Die Hanse war sichtlich bestrebt, sich aus dem mecklenburgisch-dänischen Konflikt herauszuhalten. Zwar versuchte sie die von Rostock und Wismar freigegebenen Zügel zu straffen, was jedoch kaum gelang. Die Raubgesellen vergaßen ihre eigentlichen Aufträge immer mehr und unterschieden bald weder nach Freund noch Feind. Kein Schiff war mehr vor ihnen sicher. Auch in ihren Mitteln und der Art, wie sie ihre Opfer behandelten, waren sie nicht gerade wählerisch. Wer nicht einfach über Bord geworfen wurde, musste damit rechnen, in Tonnen eingesperrt zu werden.

In ihrer Wut und Verbitterung übernahmen die Kaufleute dieses Verfahren. Der Chronist Reimar Kock berichtet, dass sie aus leeren Tonnen ihrer Schiffsladung den Boden herausnahmen, darin ein Loch schlugen, so dass der Hals eines Menschen hindurch passte, einen Vitalienbruder hineinsteckten,

die Tonne wieder verschlossen, zusammen mit anderen aufeinander stapelten und nach Stralsund fuhren, wo man den Übeltätern die Köpfe abschlug. Aber selbst solch drastische Maßnahmen wirkten kaum! Ganz offensichtlich wurde man die Geister, die man gerufen hatte, nicht mehr los, denn sogar Wismar entschuldigte sich für die Taten der Piraten in einem Schreiben an den Hochmeister des Deutschen Ordens.

Den eigentlichen Stützpunkt der Raubgenossen bildete zu dieser Zeit die Insel Gotland mit der Stadt Wisby. Hier fanden sie Zuflucht, konnten die geraubten Waren lagern und umsetzen und sogar bis zum nächsten Frühjahr überwintern.

Die Hanse sah dem Treiben wegen ihrer unterschiedlichen Interessen mehr oder weniger tatenlos zu. Lübeck und die preußischen Städte machten wiederum lediglich den Vorschlag, die Kaufleute zu warnen und nur noch in Flotten zu segeln. Da dies nicht immer möglich war, kam die Schifffahrt zeitweise zum Erliegen. Die Folgen waren Teuerungen bei Salz, Heringen usw. Aber auch die Seeräuberei

In solche Tonnen steckten die Seeräuber ihre Opfer, sofern sie nicht gleich über Bord geworfen wurden

verlor an Effektivität, so dass nun häufiger die Küsten geplündert wurden. Indessen versuchte Mecklenburg, die Seeräuber wieder in Gruppen zu organisieren und mit Einsätzen gegen Dänemark zu beauftragen. Margarethe muss hierdurch wohl beträchtlich geschädigt worden sein, denn ihre Leute begannen nun ebenfalls zu kapern. Nun musste die Hanse mobil werden, wenn nicht jeglicher Handel zum Erliegen kommen sollte.

Von den preußischen Städten wurden drei Möglichkeiten erwogen: 1. sich zusammenzutun, um Stockholm einzunehmen, König Albrecht zu befreien und somit den Krieg zu beenden, 2. mit allen Kräften und mit Kriegsmitteln das Raubgesinde auszurotten und wenn dies nicht gelingen sollte, 3. die Schifffahrt und den Handel vorläufig ganz einzustellen.

Über die ersten beiden Punkte kam es mit anderen Städten, insbesondere Lübeck, nicht zu einer Einigung; es blieb also notgedrungen nur die Stilllegung der Schifffahrt und des Heringfangs. Ähnlich wie 1386, als die Hansestädte einen Friedensvertrag mit den Seeräubern schlossen, hatten sie auch jetzt praktisch wieder kapituliert.

Der Bremer Nachbau einer Hansekogge,
wie sie zu Störtebekers Zeiten benutzt wurde

Dennoch versuchte die Hanse, weiter zwischen den Parteien, insbesondere zwischen Königin Margarethe und Herzog Johann II., zu vermitteln. Im September 1393 gelang es schließlich, eine Tagung nach Falsterbo einzuberufen. Aber auch hier kam es wegen der geforderten Freilassung König Albrechts zum Konflikt. Herzog Johann zeigte sich kompromissbereit, Margarethe aber suchte Vorwände, den Frieden zu verhindern. Schließlich wurden die Verhandlungen verschoben.

Ein neues gemeinsames Treffen zögerte sich hinaus. Die Hansestädte kamen deshalb unter sich zusammen und beschlossen, die Befriedung der See selbst in die Hand zu nehmen. Unbefriedigte Schadenersatzforderungen führten aber zu keiner Einigung bezüglich der Ausrüstungsmodalitäten und der Finanzierung. So wehrten sich lediglich einzelne Städte nach Kräften. Margarethe versuchte unterdessen weiter, sich der Stadt Stockholm zu bemächtigen, was allerdings misslang.

Die Hansestädte setzten indes ihre Verhandlungen fort und strebten die Freilassung König Albrechts an, um so eine Handhabe zu erhalten, den Vitalienbrüdern, die dann ja keine offizielle Aufgabe mehr haben würden, gemeinsam zu Leibe zu rücken. Auf das Angebot von Königin Margarethe, sie gegen die Piraten zu unterstützen, gingen die Hansestädte jedoch nicht ein. Notgedrungen musste Margarethe sich daraufhin dem Vorschlag fügen, König Albrecht auf ein halbes Jahr freizugeben und mit ihm zu verhandeln.

Die Vitalienbrüder ahnten wohl, dass ein Frieden in greifbare Nähe gerückt war. Jedenfalls entfalteten sie verstärkte Aktivitäten. Margarethe musste so einsehen, dass es an der Zeit war, ernstlich an einen Frieden zu denken. Am 10. Mai 1395 kamen wieder Verhandlungen zustande. Anwesend waren Vertreter der Hanse, des Deutschen Ordens, Königin Margarethe und Herzog Johann mit einem Vertrauten König Albrechts. Es wurde erreicht, den König bis 1398 freizubekommen, wenn auch nur unter bestimmten Bedingungen.

Unter anderem sollte Albrecht 60 000 Mark Lösegeld aufbringen und im Falle der Zahlungsunfähigkeit in die Gefangenschaft zurückkehren, oder Stockholm würde Königin Margarethe übergeben. Am 26. September wurde die Urkunde ausgetauscht und König Albrecht mit seinem Sohn Erich in Freiheit gesetzt.

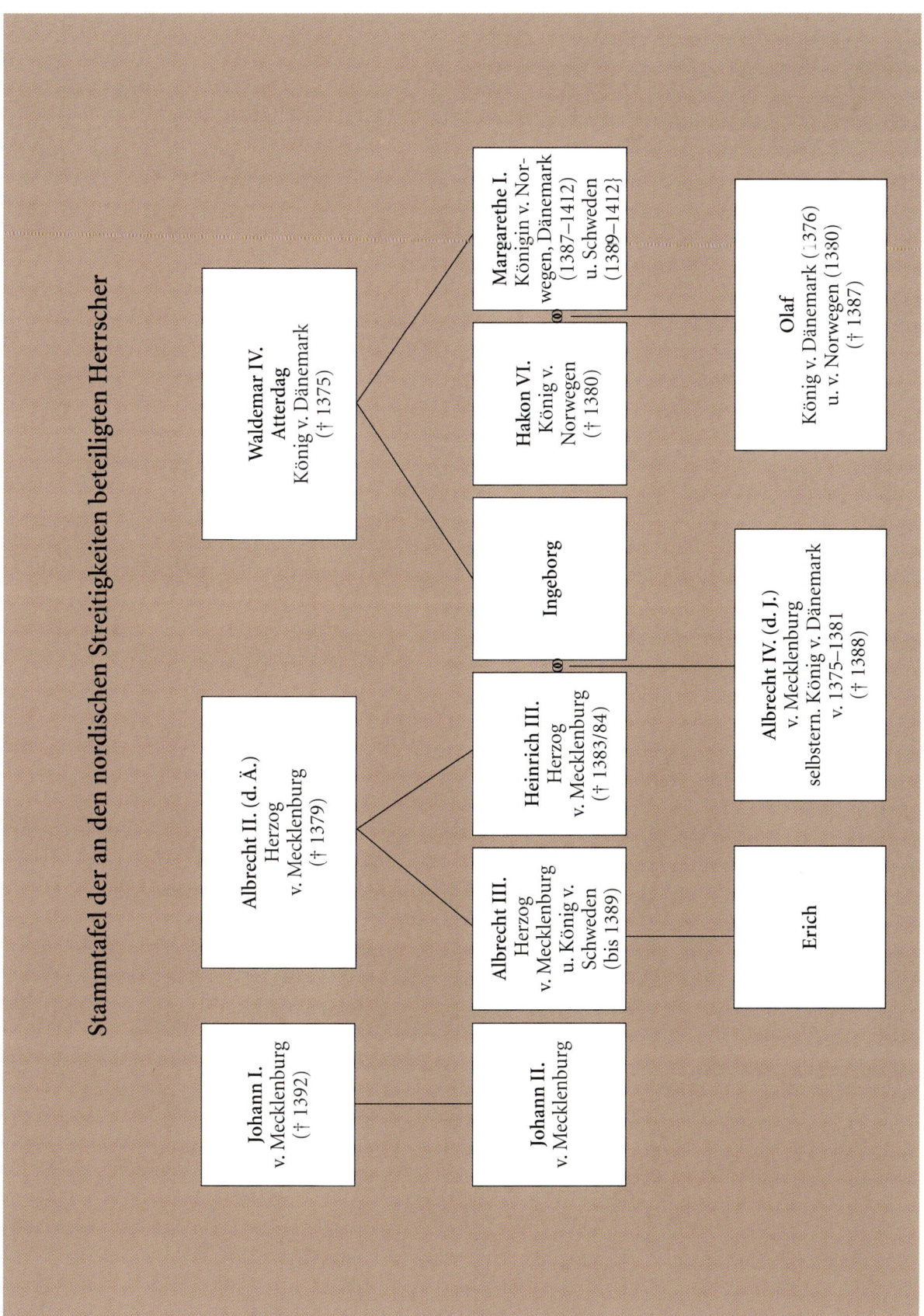

Stammtafel der an den nordischen Streitigkeiten beteiligten Herrscher

Waldemar IV. Atterdag Kong v. Dänemark († 1375)

Margarethe I. Königin v. Norwegen, Dänemark (1387–1412) u. Schweden (1389–1412}

Hakon VI. König v. Norwegen († 1380)

Olaf König v. Dänemark (1376) u. v. Norwegen (1330) († 1387)

Ingeborg

Albrecht II. (d. Ä.) Herzog v. Mecklenburg († 1379)

Heinrich III. Herzog v. Mecklenburg († 1383/84)

Albrecht IV. (d. J.) v. Mecklenburg selbstern. König v. Dänemark v. 1375–1381 († 1388)

Albrecht III. Herzog v. Mecklenburg u. König v. Schweden (bis 1389)

Erich

Johann I. v. Mecklenburg († 1392)

Johann II. v. Mecklenburg

*Ansicht von Westen auf Marienhafe,
wie der Ort zu Störtebekers Zeiten
ausgesehen haben könnte*

Die Seeräuber in Ostfriesland

Die Häuptlinge boten Unterkunft

Mit der Freilassung König Albrechts von Schweden trat nun für die Vitalienbrüder eine Änderung der Verhältnisse ein. Stockholm wurde von den Hansestädten besetzt und stark bemannt. Die Versorgung mit Lebensmitteln von außen war nicht mehr nötig. Der König und sein Sohn begaben sich nach Mecklenburg. Von Rostock und Wismar wurden die Kaperbriefe wieder zurückgenommen. Die bisherigen Hilfsgenossen der Mecklenburger galten nun als Friedensfeinde. Die Seeräuberei mussten sie jedenfalls auf ein Gebot der Hanse zum 25. Juli 1395 einstellen. Einzelne Hansestädte gaben ihren Bürgern sogar die Erlaubnis, Jagd auf die Seeräuber zu machen. Das bedeutete für die Vitalienbrüder praktisch, sich nach anderen Erwerbsquellen umsehen zu müssen.

Schon früh hatten sich Scharen von ihnen nach Finnland begeben, von wo aus sie die livländischen Städte ausraubten. Andere trieben ihr Unwesen unverändert weiter. Viele davon wurden von Stralsund gefangen. Man sperrte sie in Pferdeställen ein, gab ihnen nur Brot und Wasser oder Dünnbier, bis sie zusammenbrachen und starben. Manche wurden auch geköpft. Eine andere Gruppe unter Arnt Stuke entkam nach Stockholm und später nach Gotland. Einige suchten ihr Glück sogar in spanischen Küstengewässern.

In die Nordsee hatten sich die Vitalienbrüder vor 1395 nur gelegentlich und auch nur vereinzelt begeben. So zeigten sie sich 1390 in der Wesermündung. 1393 und im Frühjahr 1395 überfielen sie die norwegische Stadt Bergen.

Jetzt aber, da ihnen in der Ostsee von allen Seiten zugesetzt wurde, witterten sie in der „Westsee" wie die Nordsee damals noch bezeichnet wurde, ein gutes Betätigungsfeld für ihr einträgliches Raubgewerbe. Und hier schien ihnen besonders das oldenburgische und das ostfriesische Küstengebiet als Zufluchtstätte geeignet. Die buchtenreiche Landschaft mit ihren kleinen Häfen und den vorgelagerten Inseln bot ihnen die gewünschten Schlupfwinkel. Vor allem waren die „politischen Verhältnisse" günstiger. Hier konnten sie von den friesischen Häuptlingen,

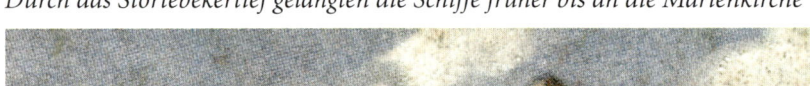
Durch das Störtebekertief gelangten die Schiffe früher bis an die Marienkirche

die fast ständig untereinander im Streit lagen, die nötige gegenseitige Unterstützung erwarten. Von besonderer Bedeutung war aber auch, dass die ostfriesischen Städte nicht dem Bund der Hanse angehörten.

Nach und nach liefen die Vitalienbrüder nun mit ihren Schiffen und zahlreicher Mannschaft Ostfriesland an. Wenn von Ostfriesland die Rede ist, beschränkt sich das Gebiet nicht auf die heutigen Landkreise Aurich, Leer und Wittmund sowie die Stadt Emden. Einbezogen ist vielmehr auch das später zum Herzogtum Oldenburg gelangte Gebiet an der Westseite der Jade. „Ostfriesland" ist also die Halbinsel zwischen dem Dollart im Westen und dem Jadebusen im Osten.

Der genaue Zeitpunkt, zu dem die Vitalienbrüder nach ihrer Vertreibung aus dem Ostseeraum in Ostfriesland auftauchten, lässt sich nicht festlegen. Offenbar haben sie zunächst versucht, im Bereich der Jade unter anderem in Schaar unterzukommen. Schaar war ein altes Wurtendorf, das seit 1379 einen kleinen Hafen hatte. Die Verbindung zum Jadebusen war durch ein kleines Flüsschen, die Made, gegeben. Heute liegt an dieser Stelle Wilhelmshaven.

Hier bot der Häuptling des Viertels Bant, Edo Wiemken, den Seeräubern Unterschlupf. Dies wird etwa Ende 1395/Anfang 1396 gewesen sein. Weiter südlich in Oldenburg wurde ihnen der Aufenthalt von Graf Konrad jedoch offiziell nicht gestattet.

Edo Wiemken selbst war auf dem Gebiet des Kaperns kein unbeschriebenes Blatt. Jedenfalls wurde er eines Tages bei einer derartigen Aktion von einem holländischen Kapitän überlistet und auf dessen Schiff weggeschafft. Er musste sich aus der Gefangenschaft mit 40 000 Gulden auslösen. Diesen Verlust hoffte er wohl auch durch die Verbindung mit den Vitalienbrüdern wieder wettmachen zu können. Andere Häuptlinge folgten dem Beispiel Edos, wenn auch aus anderen Gründen. Bekanntlich waren die Vitalienbrüder kampferprobte, harte Burschen. Sie hatten Erfahrungen im Umgang mit Waffen und waren zu allem entschlossen. Diese Fähigkeiten wiederum gedachten die Häuptlinge zu nutzen, um wirkungsvoller gegen ihre Rivalen vorgehen zu können. Manche Häuptlinge hatten aber noch einen weiteren gewichtigen Grund, sich mit den Seeräubern zu arrangieren. Die ständigen Fehden kosteten viel Geld, und dieses konnten sie sich dadurch beschaffen, dass sie die geraubten Waren aufkauften und mit reichlichem Gewinn weiterveräußerten. So waren die aus der Ostsee angereisten Seeräuber gern gesehene „Gäste" bei Widzel tom Brok im Brookmerland, Enno Edzardisna in Norden, Folkmar Allena in Osterhusen, Propst Hisko in Emden und anderen. Besonders die tom Broks und das Brookmerland mit Marienhafe und seiner Kirche werden somit untrennbar mit der Geschichte der Vitalienbrüder verbunden. Dies gilt insbesondere für Störtebeker, wie die späteren Ausführungen zeigen werden. Zunächst aber zurück zu den tom Broks.

Widzel tom Brok war ein nichtehelicher Sohn, ein Bastard, wie man damals sagte, des Häuptlings Ocko I. Dieser hatte sich einige Jahre in Italien aufgehalten, wo er von Königin Johanna von Neapel zum Ritter geschlagen worden war. Die Ritterwürde war die Belohnung für seine treuen Dienste gegenüber der Königin. Dies müssen wohl auch sehr persönliche Dienste gewesen sein, denn Johanna sträubte sich, Ocko, wie sein alter Vater es wünschte, nach Ostfriesland zurückkehren zu lassen. Erst die beschwerliche Reise der beiden Schwestern Ockos, Elborch und Doda, nach Neapel und die Notlüge, ihr

Foelke Kampana, die Mutter von Keno II. tom Brok (Gemälde von G. v. Leyden)

Bruder sei einem friesischen Fräulein versprochen, hatten Erfolg. Später lernte er beim Aufbau des Klosters Dykhusen die Schwester der Priorin, Foelke Kampana, kennen, verlobte sich mit ihr und heiratete sie. Foelke ging später als „Quade Foelke"(quad = böse) in die ostfriesische Geschichte ein.

Ocko strebte eine herausragende Stellung in Ostfriesland an. Dieses Streben führte dazu, dass andere Häuptlinge sich gegen ihn verbündeten. Es kam zum Kampf, in dem Ocko sich als der Stärkere erwies. Nach dem Sieg in der Entscheidungsschlacht bei Loppersum war seine Stellung zwar gestärkt, jedoch war er von der Herrschaft über ganz Ostfriesland noch weit entfernt. Um doch zum Ziel zu kommen, wandte er Mittel an, die hier bisher unbekannt gewesen waren: Im März 1381 begab er sich nach Den Haag, um Herzog Albrecht von Bayern, der gleichzeitig Graf von Holland war, seinen gesamten Besitz in Ostfriesland zu übertragen und als Lehen wieder zurückzuerhalten. Damit erreichte er zwar Unterstützung gegen seine Feinde, verlor aber die Sympathie des Volkes. Zehn Jahre später fiel Folkmar Allena, Häuptling von Osterhusen, über Ocko her und belagerte ihn in seiner Burg in Aurich. Hier wurde er auf dem Rückweg von einer Verhandlung von einem unbekannt gebliebenen Täter ermordet.

Ocko hinterließ zwei Töchter, den minderjährigen Keno und den Bastard Widzel. Foelke war zwar Vormund ihres Sohnes Keno, trat jedoch kaum als dessen Vertreterin in Erscheinung. So war Widzel, zumindest nach außen, der Vertreter seines Halbbruders.

Das Lehens- und Freundschaftsverhältnis mit Herzog Albrecht dauerte offenbar zunächst fort. Eine Änderung trat jedoch 1396 ein, als die Vitalienbrüder in Marienhafe aufgenommen wurden. Albrecht nahm es Widzel übel, dass die Vitalienbrüder den (West-)Friesen gute Hilfe in ihrem Abwehrkampf gegen seine Eroberungszüge leisteten und dabei seine Küsten verwüsteten.

Dass die Seeräuberei 1396 von den Häfen Ostfrieslands aus schon in vollem Gange war, geht aus einem Schreiben der Ratsherren der Stadt Bremen an die in Marienburg versammelten Vertreter der preußischen Städte hervor. Es hätte zwar erreicht werden können, dass in Oldenburg keine Seeräuber mehr gehegt würden, aber Widzel tom Brok *(Wytzolde, vormunde to dem Broke)* gewähre ihnen Unterschlupf, obwohl er etwas anderes versprochen habe. Man

habe deshalb einen Boten zu Widzel entsandt. In diesem Zusammenhang erwähnten sie einen Schaden, den die Vitalienbrüder ihnen auf der Ems, wahrscheinlich auf der Außenems, zugefügt hatten.

Um diese Zeit greift auch Störtebeker in das Geschehen ein. Nach der Chronik (Chronicon Manuscriptum Rerum Frisiae Orientalis) des Pastors Bernhard Elsenius (Bernardo Elsenio), die Nachrichten zur Geschichte Ostfrieslands von 1264 bis 1631 enthält, soll Störtebeker am 13. Januar 1396 nach Marienhafe gekommen sein. Propst Hisko und der junge Keno tom Brok hätten die Seeräuber geduldet und sie auch in Kämpfen gegen die Holländer eingesetzt. Elsenius notierte in einem 1582 in Wittenberg gedruckten Kalender unter dem XIII. Tag Januarii: *Anno 1396 is Clauwes Störtebecker mit sin Schipfart ersten tho Marienhave gekamen. Hisco van Emden und de junge Keno thom Brocke hebben mit eme dorch de Finger gesen, hebben em ock gebrucket jegen de Hollanders.*

Die Richtigkeit dieses Datums kann heute kaum noch nachgeprüft werden, aber stimmen könnte es unter Berücksichtigung der Vorgeschichte der Vitalienbrüder durchaus. Der Name Störtebeker als Seeräuber wird in einem Schriftstück vom 15. Dezember 1405 zuerst zum Jahre 1394 genannt. König Heinrich IV. von England verlangt in einer Klageschrift Schadenersatz für geraubte Schiffe und Waren. Darin wird Störtebeker mehrfach neben Gödeke Michel aufgeführt:

... Item, in the yeere 1394 one Goddekin Mighel, Clays Scheld, Storbiker and others tooke out of a ship of Elbing. Item, that 1395 Hans van Wethemonkule, Clays Scheld, Godekin Mighel an one called Strotbeker, did take 5 pieces of waxe. Item, 1395 one Godikin Mighel, Clays Scheld, Stertebeker and others tooke a certain ship of Cley. Item ... de Stertebeker, in the yeere 1399 took out of the shiph of Michal von Burgh. Item ...

Insgesamt wird Störtebeker in dieser Klageschrift 14mal, Gödeke Michel 15mal genannt.

Es wird hier deutlich, dass Personennamen damals nicht einheitlich geschrieben wurden. Von besonderem Interesse ist aber die Tatsache, dass die meisten Beschuldigten mit Vor- und Nachnamen aufgeführt sind, während dies bei Störtebeker nicht der Fall ist. Offenbar war er damals in den einschlägigen Kreisen so bekannt, dass die Beifügung eines Vornamens sich bei ihm erübrigte. Andererseits ist die Benennung in der Reihenfolge nach Gödeke Mi-

Ölgemälde von Zenon Wrobel

chel bezeichnend, woraus allgemein dessen größere Bedeutung gefolgert wird. In der Überlieferung wendet sich diese Bedeutung jedoch eindeutig zugunsten Störtebekers, der hier immer mehr in den Vordergrund tritt. Als gesichert ist aber wohl anzusehen, dass beide längere Zeit zusammen ihr „Handwerk" betrieben haben. Später haben sie sich dann offenbar getrennt.

Joh. Rufus nennt in seiner Lübischen Chronik zum Jahr 1395 außer den vorgenannten Seeräubern noch zwei weitere Namen, nämlich Wichmann und Wigbold: ... *Desser Zeerover hovetlude weren geheten: Godeke Michelis, Wichmann, Wyholt unde Clawes Störtebeker, unde doden deme copmanne groten schaden.*

Alle vier tauchen in der Chronik zum Jahre 1402 wieder auf: Wygbold mit dem Zusatz „ein mester an den seven kunsten" – ein Meister der sieben Künste, also offenbar ein studierter Mann. Vermutlich ist das angegebene Jahr nicht richtig, Historiker nehmen 1400 oder 1401 für den geschilderten Vorfall an. Hermann Corner führt in seiner lateinisch verfassten Chronik „Wichmannus et Nikolaus Stortebeker" und auch „Godfridus Michaelis et Wigboldes in artibus" als Piratenkapitäne auf.

Der Hamburger Archivar J. M. Lappenberg datiert die Rufus-Chronik zwischen 1406 und 1430 und die Chronik von Corner auf 1435. Es wird für das Abfassen von Corners Chronik aber auch die Zeit zwischen 1420 und 1430 angegeben. Im Übrigen wird sie von Historikern als nicht sehr zuverlässig bezeichnet. Corner wird sogar von Karl Koppmann angelastet, seine Berichte umgemodelt zu haben. Er wird es deshalb auch mit dem Vornamen Störtebekers nicht so genau genommen haben. Wenn darüber hinaus richtig ist, dass die Rufus-Chronik eine Übersetzung des betreffenden Berichtes von Corner ist, muss auch diese an Glaubwürdigkeit verlieren.

Eine auf einem Pergamentblatt erhalten gebliebene Chronik, vermutlich aus dem Jahr 1457, die Chronika Slavia (etwa 1486 gedruckt), ein Auszug aus der Wendeschen Cronecon (um 1554), die Cronecon der ... Stadt Bremen ... von Joan Renner (1583) sowie die Chronologia von Chr. Solinum (1615) nennen Stortebeker bzw. Störtebeker alle ohne Vornamen. Dagegen führen Albert Krantz in der „Wandalia" (vor 1517) den Namen „Nicolaus", eine handschriftliche Chronik in Kopenhagen (vor 1540) „Clawes", Thratzinger in seiner Chronik (um 1560) „Claus Sturzbe-

cher" und Wenzel Janibal in seiner Handschrift (um 1690) ebenfalls „Claus" an.

Eggerik Beninga schreibt in seiner „Cronica der Fresen" von „den oversten Stortebeker", „den Stortebeker" und auch von „Claus Stortebeker", später aber wieder nur noch von „Stortebeker". Beninga hat, wie er selbst mitteilt, auf die Chroniken des Albert Krantz zurückgegriffen. Ganz sicher muss er sich bezüglich des Vornamens von Störtebeker wohl nicht gewesen sein, denn sonst hätte er ihn auch in seinen letzten Niederschriften mit Vornamen aufgeführt.

Mit Überlieferungen ist es häufig so wie mit Gerüchten: Einmal in die Welt gesetzt, verändern sie sich mit der Weitergabe. So kann es sich auch bei Störtebekers Namen verhalten. Und so kann es auch durchaus sein, dass der „Johan" Störtebeker, der in der Urkunde Herzog Albrechts von Holland vom 15. August 1400 namentlich als einer derjenigen Vitalienbrüder aufgeführt ist, die unter seinem Schutz standen, unser Störtebeker war. In zeitlicher Hinsicht passt dies sogar sehr genau zusammen, wie später noch ausgeführt wird. Man kann aber auch eine Verbindung herstellen zu einem Nicolao Stortebeker, der im Verfestungsbuch (Gerichtsprotokollbuch) der Stadt Wismar genannt wird: *Item Balhorst, Boldelaghe et Craan eo, quod Gherardo servo Poppen et Nicolao Stortebeker cuilibet ossis frakturam cum 5 blaviis intu(l)erunt tempore nocturno.*

Diese für das Jahr 1380 vorgenommene Eintragung ist wohl die älteste erhalten gebliebene Nachricht über Störtebeker. Demnach war er als junger Mann an einer Schlägerei beteiligt, bei der er sich fünf blaue Flecken eingehandelt hat. Zwei seiner Widersacher wurden deshalb aus der Stadt verwiesen.

Neben der Eintragung im Verfestungsbuch taucht der Name Störtebeker in Wismar urkundlich mehrfach auf. Seinerzeit stellte die Stadt bekanntlich Kaperbriefe aus. Hinzu kommt, dass der Name in der Klageschrift der Engländer in der Zeit in Erscheinung tritt, in der die Vitalienbrüder von der Ostsee zur Nordsee überwechselten. Es ist also mit einiger Wahrscheinlichkeit anzunehmen, dass unser Störtebeker in der Wismarer Gegend aufgewachsen ist.

Ebenso wie über den Namen gibt es auch über die Herkunft Störtebekers viele Versionen. Das Spektrum reicht von Pommern über Mecklenburg und Hamburg bis nach Ostfriesland. Friedrich Sundermann nennt in Ostfriesland drei Orte, nämlich Nor-

Die „Bunte Kuh", das legendäre Hamburger Schiff, das zur Bekämpfung der Seeräuber eingesetzt wurde.
Darstellung von Hans Bohrdt um 1900 (Schifffahrtsmuseum Bremerhaven)

den, Osteel und Siel. Irgendwelche Urkunden darüber sind nicht aufgetaucht, so dass die Meinungsverschiedenheiten wohl in absehbarer Zeit nicht aufgeklärt werden dürften. Dies wäre vielleicht auch gar nicht so wünschenswert, denn manche Sage würde dann den Reiz des Geheimnisvollen verlieren.

Ähnlich verhält es sich bei Gödeke Michel. Auch für ihn werden eine ganze Reihe Geburtsorte genannt, allerdings keiner in Ostfriesland. Bekanntlich wurde Gödeke Michel zusammen mit Störtebeker in der Klageschrift der Engländer aufgeführt. 1397 taucht sein Name ebenfalls im Verfestungsbuch von Wismar auf. Vielleicht hatten sich beide hierher zurückgezogen, denn in diesem Jahr werden keine Piraterien von ihnen gemeldet.

Im Frühjahr 1398 ist die Seeräuberei aber bereits wieder in vollem Gange. Die von Widzel tom Brok aufgenommenen Vitalienbrüder kaperten zunächst vor der norwegischen Küste ein mit Wismarer Bier beladenes Schiff aus Danzig. Eigentümer war ein Eggherd Schoeff. Mit diesem Schiff segelten sie an der Swin, einem kleinen Fluss in Flandern, durch den Brügge mit dem Meer verbunden war, vorbei in die „Hovede". Hier überfielen sie 14 oder 15 Schiffe, die mit Öl, Wachs, Wein, Reis, Honig, Talg und anderen Gütern beladen waren. Diese Waren wurden aus Spanien und Frankreich geholt. Bei fünf Schiffen handelte es sich um so genannte Bardzen (Barken), die als Frachtschiffe und auch als Kaperfahrzeuge verwendet wurden. Vielfach waren diese Barken zusätzlich mit Riemen ausgerüstet, insbesondere dann, wenn sie zum Kapern eingesetzt wurden. Zur gleichen Zeit überfielen sie ein aus England kommendes Schiff, das in die Swin segeln wollte und mit Gold und Stoffen beladen war. Die Kaufleute wurden einfach nach Ostfriesland mitgenommen und im Brookmerland in Marienhafe an Land gesetzt.

Der Gipfel der Unverfrorenheit bestand wohl darin, dass sie hier dem Schiffer Eggherd Schoeff sein zuvor geraubtes Schiff wieder verkauften. Zur Sicherheit musste dieser sogar Bürgen und Geiseln stellen, um sie später bei Widzel tom Brok auszulösen. Dem Schiffer Schoeff wurde außerdem befohlen, den Kaufleuten der Hanse in Brügge auszurichten, die Vitalienbrüder *weren Godes vrende unde al der werlt vyande, sunder der von Hamborch unde der van Bremen, den en wolden se neghenen schaden don, want se dar mochten komen unde aff unde to varen, wanner dat ze wolden.*

Diese Botschaft wird allgemein übersetzt „sie seien Gottes Freunde und aller Welt Feinde, ausgenommen die Hamburger und die Bremer, die nicht geschädigt werden sollten, weil sie dort kommen und ausfahren könnten, wann immer sie wollten".

Sarkastischer kann eine Äußerung kaum sein, denn ärgere Feinde der Seeräuber der Nordsee als die Hamburger und Bremer Kaufleute gab es, wie die späteren Auseinandersetzungen zeigen, wohl nicht. Es kann aber auch durchaus sein, dass der Satz anders zu interpretieren ist. Sofern „want" nicht in „weil", sondern in „wenn" übersetzt wird (s. Lübben, Mittelniederdeutsches Handwörterbuch, Seite 554), bekommt die Botschaft folgenden Sinn: Den Hamburgern und Bremern wird mit drohendem Unterton gesagt, sie hätten nichts zu befürchten, wenn sie den Vitalienbrüdern ihre Häfen öffneten.

Die verkürzte Formulierung „Gottes Freund und aller Welt Feind" ist im Laufe der Zeit zu einem geflügelten Wort geworden. In fast jedem Roman oder Jugendbuch ist Störtebeker der Freund der Armen und der Feind der Reichen.

Außer Eggherd Schoeff bekam ein Kaufmann aus Bremen ebenfalls einen Auftrag. Der Hanse sollte eine Bitte um freies Geleit ausgerichtet werden, damit das geraubte Gut in Hamburg und Bremen abgesetzt werden könnte. Dieser Bitte wurde aber nicht entsprochen. Das Hansekontor in Brügge ließ vielmehr alle Kaufleute warnen und forderte von den Nachbarstädten Frieslands, vor allem von Bremen, den Verkauf der geraubten Waren zu verbieten. Ferner wurde Vorsorge gegen weitere Überfälle getroffen, indem die hansischen Schiffe nicht aus der Swin ausfahren durften. Sie wurden bei Sluys festgelegt.

Darüber hinaus war beabsichtigt, speziell gegen die in Marienhafe untergekommenen Vitalienbrüder vorzugehen. Eine von Flandern aus gestartete Expedition musste allerdings wegen ungünstiger Winde abgebrochen werden. Das Hansekontor in Brügge wurde daraufhin vom Bürgermeister um Stellungnahme gebeten, ob Näheres über die Unterschlupfgegend bekannt sei und welcher Rat gegeben werden könnte. Die Vertreter der Kaufmannschaft aber waren ratlos und erhofften sich Hilfe von den zu der Zeit in Lübeck versammelten Hanseaten.

Nach einigem Zögern entschlossen sich die Bremer, etwas gegen die Vitalienbrüder, die sie in Eiswürden, einem im Jadebusen versunkenen Hafen an der Westküste Butjadingens, aufspürten, zu unternehmen. Hier hatten Nanke Duren, ein Neffe Edo Wiemkens, und Lubbe Sibets, Edos Schwiegersohn, den Seeräubern Unterkunft geboten. Auch bei Edo selbst hielten sich noch (wieder) welche auf. Die Bremer erwarteten aber Hilfe von Hamburg, da sie bereits 10 000 rheinische Gulden im Kampf gegen die Raubgesellen aufgewendet hatten.

Das gemeinsame Unternehmen war offensichtlich erfolgreich, denn Edo, Nanke, Lubbe und einige andere bekennen am 4. Juli 1398, den Vitalienbrüdern Geleit gegeben zu haben. Sie geloben den Städten Lübeck, Bremen und Hamburg, die Seeräuber nötigenfalls auszuweisen und in Zukunft nicht mehr aufnehmen zu wollen. Sogar die Herausgabe des in ihrem Gebiet gelagerten Gutes bieten sie an.

Um dem Ganzen mehr Nachdruck zu geben, bestätigt Graf Christian von Oldenburg den obigen Städten, Edo Wiemken solle die Vitalienbrüder binnen acht Tagen entlassen. Lediglich vier dürfe er bis Ostern nächsten Jahres bei sich behalten.

Es lag nahe, dass die in den Häfen an der Jade nicht mehr geduldeten Seeräuber sich nun verstärkt um Unterschlupf im Westen Ostfrieslands bemühten. Außer im Brookmerland fanden sie wieder Aufnahme bei Propst Hisko Abdena von Emden, der sowohl Inhaber der geistlichen als auch der weltlichen Macht war. Auch Enno Edzardisna von Norden, sein Bruder Haro von Greetsiel, Enno Haytetsna von Larrelt und Folkmar Allena von Osterhusen, damals ein erbitterter Feind des Hauses tom Brok, nahmen die Seeräuber auf.

Diese Gastfreundschaft wurde von Widzel tom Brok offenbar mit gemischten Gefühlen betrachtet. Widzel war es darüber hinaus leid, nach außen nur als der Vertreter seines Bruders Keno zu gelten. Er war vielmehr bestrebt, das Erbe seines Vaters eigenständig zu besitzen, zu verwalten und möglichst zu vergrößern.

Zunächst suchte Widzel Kontakt zu den Hansestädten. Er bat, sein bisheriges Verhalten zu entschuldigen und versprach, für Änderung zu sorgen. Die Städte verhielten sich aber in ihren Verhandlungen zu Kopenhagen abwartend, weil sie ihm wohl misstrauten. Sie berieten zunächst, welche Sicherheiten man von ihm zu verlangen habe und forderten vor allem, er solle sich künftig an der Verfolgung der Seeräuber beteiligen. Eine abschließende Einigung wurde offenbar aber nicht erzielt, denn die Angelegenheit wurde schließlich vertagt.

Widzel wandte sich angesichts dieser Haltung nun an Herzog Albrecht von Bayern, Graf von Holland. Albrecht war es nach schweren Kämpfen gelungen, fast ganz Westfriesland und das Umland von Groningen zu unterwerfen. Seine Bestrebungen gingen dahin, weiter nach Osten, nach Ostfriesland, vorzudringen. Widzel wollte dem durch Verhandlungen zuvorkommen und erhielt hierfür dann auch mit 60 Personen freies Geleit nach Holland. Auch Folkmar Allena, mit dem Widzel sich zuvor ausgesöhnt hatte, verhandelte mit Albrecht.

Am 11. September 1398 übertrugen Widzel und Folkmar dem Grafen alle ihre Besitzungen zwischen Ems und Jade zu Eigentum und erhielten sie als erbliches Lehen zurück. Dazu gehörten das Brookmerland, das Auricherland, das Harlingerland, das Oberledingerland, das Moormerland, das Lengenerland, das Norderland und das Emsigerland sowie die Inseln Borkum, Juist, Buise (inzwischen von der Landkarte verschwunden), Osterende (Norderney), Baltrum, Langeoog, Spiekeroog und Wangerooge. Albrecht versprach, beide in all ihren Rechten sowie gegen anderweitige Ansprüche schützen zu wollen. Gleichzeitig wurde vereinbart, einander gegenseitig Zollfreiheit zu gewähren.

Damit hatte Widzel zunächst erreicht, was er wollte. Seine Stellung war abgesichert, und er hatte Rückhalt für seine Pläne.

Diese Verbindung machte wiederum den Hansestädten Sorge. Sie hatten stets mit Albrecht auf Kriegsfuß gestanden und mussten nun befürchten, dass dieser sich der Vitalienbrüder in Ostfriesland ebenfalls bedienen würde. Die Befürchtung war gar nicht so abwegig, denn Albrecht verzichtete auf Ansprüche gegen die „Likendeelers", wie die Vitalienbrüder in seiner Erklärung vom 16. Februar 1399 genannt werden, die ihn im Auftrage Widzels geschädigt hatten. Ferner gestattete er ihnen den freien Aufenthalt in seinem Gebiet, um *hoer broot te winnen ende horen penning te verteren* – ihren Unterhalt zu erarbeiten und ihr Geld auszugeben. Er baut allerdings den Vorbehalt ein, dass sie in Zukunft keine Kaufleute mehr schädigen sollen.

Durch diese Haltung Albrechts und auf dessen Vermittlung hin wird auch sein Lehnsmann Widzel tom Brok veranlasst worden sein, sich mit den Hansestädten zu arrangieren. Der verlangt allerdings, klare Verhältnisse zu schaffen, indem die Städte ihm eine Quittung bezüglich des ihnen zugefügten Schadens geben sollten. Hiermit ist wohl eine Erklärung über die Freistellung von Schadenersatzansprüchen gemeint. Ohne eine solche Unterlage könne er sich der Vitalienbrüder nicht in Ehren entledigen. Ferner weist er darauf hin, dass er den ganzen Haufen, der sich bei ihm aufhalte, beköstigen müsse.

In diesem Zusammenhang bemerkt Widzel auf eine Frage der Lübecker nach dem Verbleib einiger „Kreyer" (kleine Last-/Frachtschiffe), die Schiffe seien bereits lange verteilt bzw. verkauft und der Ertrag sei verzehrt. Aus dieser Bemerkung geht eindeutig hervor, dass sich auch Widzel und seine Landsleute im Brookmerland an dem Handel mit geraubten Waren beteiligten.

Die Städte beraumten nun Besprechungen auf den 1. Mai und 15. Juli 1399 an und baten Widzel, das Ergebnis abzuwarten und bis dahin Schaden von den Kaufleuten abzuwenden. Widzel war es jedoch nicht mehr vergönnt, an den Tagungen teilzunehmen bzw. das Ergebnis zu erfahren. Wie Beninga berichtet, war er – aus welchen Gründen ist nicht genau bekannt – in eine Auseinandersetzung mit dem Erzbischof von Bremen, den Bischöfen von Münster und Minden sowie dem Grafen von Oldenburg verwickelt, in deren Verlauf er sich mit seinen Leuten in die Kirche von Detern zurückzog.

Die geistlichen Herren ließen das Gotteshaus daraufhin einfach anzünden. Widzel erstickte. Nach einer anderen Version wurde er mit 80 Leuten seiner Mannschaft erschlagen. Dies geht jedenfalls aus einem Schreiben der Stadt Lübeck an die preußischen Städte vom 2. Mai 1399 hervor. Nach M. Klinkenborg ist nur als gesichert anzusehen, dass Widzel in einem Streit mit dem Abt Focko von den Saterländern in Detern getötet wurde. In den Hanserecessen wird als Todestag Widzels der 25. April 1399 angegeben.

Wie dem auch sei – die Seeräuberei ging auch ohne Widzel tom Brok weiter. Nach dem Tode seines Halbbruders hatte Keno II. das Heft in der Hand. Dieser war allerdings nicht gewillt, den von Widzel vorgezeichneten Weg eines Lehnsmanns Herzog Albrechts weiterzugehen. Keno nahm Albrecht übel, dass dieser seine Hand dazu gereicht hatte, ihn als Erben seines Vaters Ocko I. einzuschränken. Er griff nun – wie andere vor ihm – wieder zu dem bewährten Mittel, die Vitalienbrüder in seine Dienste zu nehmen. Groningen und Westfriesland, die bitteren Hass gegen Albrecht hegten, taten das Gleiche.

Die Hansestädte verhielten sich zunächst – wieder einmal – abwartend. Man verhandelte weiter und beließ es bei schriftlichen Forderungen, die Vitalienbrüder zu entlassen. Allerdings hatten sie in dieser Zeit auf der Ostsee wieder einige Schwierigkeiten mit den Vitalienbrüdern um Arnt Stuke, Swen Sture und Genossen, die ihr Tätigkeitsfeld nicht in die Nordsee verlegt hatten.

Auf der Tagung am 2. Februar 1400 in Lübeck, auf der auch holländische Städte vertreten waren, wurde dann aber beschlossen, auch auf der Nordsee aktiv zu werden. Es wurde festgelegt, elf Schiffe mit 950 Mann auszurüsten und in die Nordsee zu entsenden. Falls erforderlich, sollte die Flotte noch um 20 bis 25 Prozent verstärkt werden. Jede Kogge sollte je nach Bedarf von kleineren Schiffen begleitet werden. Auf je 100 Männer sollten 30 Armbrustschützen mit vollem Harnisch kommen. Außerdem sollten jeweils zehn Armbrüste in Reserve mitgenommen werden.

Besonders hatte man es auf die Seeräuber abgesehen, die von Keno tom Brok gehegt wurden, denn über diese wurde zuerst verhandelt. Keno muss wohl Böses geahnt haben, denn er entsandte seinen Papen (Kaplan) Almer mit einem Beglaubigungsschreiben zur Versammlung nach Lübeck. Hierin sicherte er den Städten seine Freundschaft zu und bat, sich nicht von ihm abzuwenden, obwohl er die Vitalienbrüder aufgenommen habe. Dies habe er nur aus der Not heraus getan, weil er den Verlust seines Landes und seiner Güter (durch Herzog Albrecht) befürchte. Im Übrigen versichert er, aus den geraubten Gütern keinen Nutzen gezogen zu haben. Ferner deutet er gewisse Versorgungsprobleme im Zusammenhang mit den Seeräubern an.

Kaplan Almer schwor, Keno sei ohne Arglist fest entschlossen, die Vitalienbrüder *van sik to laten, to lande und nicht wo watere* und die Segel und Ruder von den Schiffen zu entfernen. Damit sollte verhindert werden, dass sie bei Nacht und Nebel wieder in See stachen. Auch wolle Keno den Städten Unterstützung gewähren, falls die Seeräuber doch anderweitig wieder aufgenommen würden. Weiter sicherte Almer zu, eine entsprechende Urkunde, von Keno und seinen Freunden besiegelt, beizubringen.

Daraufhin wurde sogar Königin Margarethe von Dänemark von den Zusagen Kenos informiert. Gleichzeitig wurden Groningen und der Westergau gewarnt, die Seeräuber aufzunehmen. Außerdem setzten die Städte Herzog Albrecht in Kenntnis und kündigten an, dass die Vitalienbrüder notfalls bis in sein Gebiet hinein verfolgt würden. Keno und mit ihm die Häuptlinge von Faldern, Eilsum, Greetsiel, Norden und Dornum unterschrieben die Urkunde dann am 25. Februar 1400.

Misstrauisch, wie die Städte aufgrund ihrer schlechten Erfahrungen jedoch waren, entsandten sie einen Hamburger Stadtschreiber zusammen mit Kaplan Almer nach Ostfriesland, um festzustellen, ob Keno sein Versprechen auch halten würde. Der Kundschafter konnte bereits am 21. März Vollzug vermelden. Die Lübecker informierten die preußischen Städte entsprechend in einem Schreiben vom 28. März 1400. In diesem Schreiben wird angemerkt, dass Keno den Vitalienbrüdern sogar drei Schiffe abkaufte, um sie den Kaufleuten, denen sie geraubt worden waren, wieder zurückzugeben. 300 Nobel legte er dafür aus.

Trotz dieser Maßnahmen blieben die Seeräuber aber in der Nähe. Edo Wiemken gab ihnen mal wieder Unterkunft und Verpflegung. Viel ärgerlicher aber war für Keno, dass Hisko von Emden, der langjährige Feind der tom Broks, einen Teil der Seeräuber aufnahm. Auch die Hansestädte mussten aufgrund dieser Entwicklung mit Recht befürchten, dass die Raubgesellen ihnen weiterhin erhebliche Probleme bereiten würden. Denn Keno würde eine Stärkung des Emders nicht hinnehmen wollen. Diese Befürchtung wird in einem Schreiben Bremens an Lübeck deutlich, dem als Anlage zwei Briefe Kenos an seinen Kaplan, der sich in Bremen aufhielt, beigefügt waren. Es wird verlangt, sofort bemannte Schiffe in die „Ghand" zu senden, da Keno Hilfe brauche. Sonst sei zu befürchten, dass er die Vitalienbrüder wieder bei sich aufnehmen werde, so dass alles noch schlimmer würde als bisher.

Dieses Schreiben ist zwar undatiert, es ist aber wohl davon auszugehen, dass es nach dem 28. März 1400 abgefasst wurde. Almer wird nach der Heimfahrt des Hamburger Stadtschreibers für Keno nach Bremen gefahren sein, wo er dessen Briefe erhielt. Die Bremer sandten diese mit Kenos Hilferuf weiter. Keno wird darin angedeutet haben, er müsse die Vitalienbrüder wieder aufnehmen, wenn er keine Unterstützung von den Städten erhalten sollte. Da er vergeblich wartete, wird er in der Zwischenzeit auch tatsächlich wieder eine Gruppe aufgenommen haben, um sich vor Hisko zu schützen. Der Keno später gemachte Vorwurf, er habe sein Versprechen nicht gehalten, ist daher nachzuvollziehen.

Zwei der großen Steinkugeln, die bei Umbauarbeiten in einem Schacht unter der Marienkirche gefunden wurden. Sie sind im Kirchenmuseum des Störtebekerturmes zu sehen

Gegenmaßnahmen der Hansestädte

Störtebeker ergreift die Flucht

Ende März/Anfang April 1400 wurde die Lage brenzlig. Hamburg und Lübeck wollten der Entwicklung in Ostfriesland nicht länger tatenlos zusehen. Sie kamen überein, die am 2. Februar gefassten Beschlüsse nun auch auszuführen. Die anderen Städte wurden informiert und an den von ihnen zu leistenden Beitrag erinnert. Königin Margarethe wurde ebenfalls um Hilfe gebeten. Und schließlich wurden sogar die Flamen aufgefordert, die Streitmacht, die zuerst in Aktion treten sollte, zu verstärken.

Am 16. April, kurz vor Ostern, starteten die Lübecker das Unternehmen unter der Führung der Ratsleute Henning von Rintelen und Johann Krispin. Sie fuhren zunächst nach Hamburg, um sich dort mit der Abordnung unter Albert Schreye und Johann Nanne zu treffen. Am 22. April, dem Donnerstag nach Ostern, segelten sie gemeinsam ab, ohne auf die Unterstützung der preußischen Städte zu warten. Of-

Das Störtebekertief, im Hintergrund die Marienkirche mit dem Störtebekerturm

fenbar wollten sie schnell reinen Tisch machen und die übrigen Hansemitglieder dann später nur an den Kosten beteiligen.

Die Bremer sollten auf halbem Wege zu ihnen stoßen. Dieser Plan aber schlug fehl. Die Lübecker und Hamburger warteten vergeblich. Sie trafen deshalb auch erst am 5. Mai, also nach zwei Wochen, in der Westerems ein, obwohl die relativ kurze Strecke selbst bei ungünstigem Wind in einem Bruchteil dieser Zeit zurückzulegen gewesen wäre.

Dass die beiden Gruppen nicht zusammentrafen, wird auf ein Missverständnis bei der Festlegung des Treffpunktes zurückzuführen sein. In der Forderung Bremens, Keno tom Brok zu unterstützen, war von der „Ghand" als Einsatzort die Rede.

Über die Lage der Ghand gab es jedoch wohl unterschiedliche Auffassungen. Die Bremer nahmen als Treffpunkt vermutlich das Mündungsgebiet der Jade östlich der ostfriesischen Halbinsel an. Auch Ernst Friedlaender hat im Ostfriesischen Urkundenbuch II die Ghand als Jahde (allerdings mit Fragezeichen) bezeichnet. Die Gant war aber ein Wasserlauf im Brookmerland, der südlich der Zufahrt nach Marienhafe, später „Störtebeker-Tief" genannt, verlief und gemeinsam mit dieser in die Leybucht mündete.

Ein anderer Grund kann aber auch sein, dass der Bremer Hauptmann Ludger Wolters nicht weisungsgemäß gehandelt hat. Er war nämlich fest davon überzeugt, dass hauptsächlich die von Edo Wiemken und seinen Parteigenossen gehegten Vitalienbrüder den Städten Schaden zufügten. Ihm war deshalb sicherlich mehr daran gelegen, zunächst vor seiner Haustür, im Bereich der Weser- und Jademündung, aufzuräumen.

In der Westerems angekommen, erfuhren die Lübecker und die Hamburger, dass die Vitalienbrüder sich in der Osterems, also in der Nähe der Leybucht, vor der ehemaligen Insel Bant, befanden. Und hier kam es gleich zu einem erbitterten und blutigen Kampf gegen einen Teil der Seeräuber. Der Übermacht der hansischen Flotte waren diese aber nicht gewachsen. Vielleicht wurden sie auch von dem Angriff überrascht. Von etwa 200 Piraten wurden 80 niedergemacht und über Bord geworfen. Diejenigen, die mit dem Leben davonkamen, flohen an die

Küste. Aber auch hier wurden sie verfolgt. So nahm Haro von Greetsiel 18 gefangen, die ihm anschließend von den Kaufleuten wieder abgehandelt wurden. Sieben wurden ihnen anderweitig ausgeliefert.

Bereits am nächsten Tag wurden die Gefangenen nach Emden gebracht. Hier zeigte sich, mit welcher Konsequenz die Hanseaten mit den Seeräubern umgingen. Alle 25 wurden am 11. Mai hingerichtet, indem man ihnen den Kopf abschlagen ließ. Unter ihnen befanden sich drei Hauptleute, nämlich ein nichtehelicher Sohn des Grafen Konrad von Oldenburg, ein Hinrik Holle sowie der Schreiber Bartoldus. Elf weitere wurden einige Tage später geköpft.

Diese rigorose Vorgehensweise macht deutlich, dass die Hanse kein Pardon mehr gewährte, obwohl sie befürchten musste, dass der Graf von Oldenburg seinen Sohn rächen würde. Es wird aber auch erkennbar, wie sehr die Landesherren selbst mit der Seeräuberei verbunden waren.

Aus den Hamburger Kämmereirechnungen des Jahres 1400 ist zu entnehmen, dass dem Büttel für die Enthauptung von dreißig Vitalienbrüdern zwölf Pfund und seinem Gehilfen ein Pfund für das Eingraben gezahlt wurden. Diese Unkosten werden sich, da sonst für diese Zeit kein anderer Einsatz der Kaufleute gegen die Vitalienbrüder bekannt ist, auf die Emder Hinrichtungen beziehen.

Propst Hisko von Emden erwies sich bei der Ankunft der Lübecker und Hamburger als guter Taktiker. Er wusste, was ihm blühen könnte, wenn mit ihm abgerechnet würde. Deshalb zeigte er sich mit seinen Freunden von vornherein in jeder Hinsicht unterwürfig und spielte den Arglosen. Er bot seinen „Besuchern" seinen Hafen und sein Schloss an, das er sogar selbst räumen wollte. Darüber hinaus sicherte er zu jeder Zeit seine und seiner Freunde Hilfe zu. So hat er es ausgezeichnet verstanden, seine eigenen Verfehlungen gegenüber der Hanse in den Hintergrund zu rücken. Und die Kaufleute fielen darauf herein, denn sie konzentrierten sich nun mehr auf Hiskos Feinde Keno tom Brok und Folkmar Allena von Osterhusen sowie auf Enno Haytetsna von Larrelt, Haro Aildesna von Faldern und Sibrand von Loquard.

Enno Haytetsna wurde zuerst zur Rechenschaft gezogen. Er wurde beschuldigt, den geschlagenen Vitalienbrüdern für 140 Gulden ein den Groningern weggenommenes Schiff verkauft und sie außerdem mit Rat und Tat sowie mit Proviant unterstützt zu haben. Enno gab die Unterstützung zwar zu, recht-

Störtebeker trinkt auf das Wohl seines Freundes Gödeke Michel

fertigte sich aber damit, von Folkmar Allena, seinem Schwiegervater, dazu gezwungen worden zu sein. Schließlich musste er Schadenersatz leisten und sein Schloss in Larrelt als Pfand herausrücken, das später treuhänderisch an Hisko übergeben wurde. Als Nächster war Haro von Faldern an der Reihe. Ihm wurde nachgewiesen, vier Seeräuber aufgenommen zu haben. Auch er musste seine Burg zunächst den Städten und später Hisko überlassen.

Ziel der weiteren Maßnahmen der Hansestädte war, dem Seeräuberunwesen im ostfriesischen Küstenbereich der Nordsee ein Ende zu machen. Dies schien nur möglich, indem die Piraten zum einen direkt angegangen und ohne viel Federlesens über Bord geworfen oder geköpft wurden. Zum anderen musste man erreichen, sie schutzlos zu machen, ihnen ihre Schlupfwinkel und Warenabsatzplätze an der Küste von der Ems bis zum Jadebusen zu versagen, mit anderen Worten: Ihnen musste der Nährboden entzogen werden.

Die bisherigen Bemühungen waren in dieser Hinsicht wenig erfolgreich gewesen. Wegen der Zerstrittenheit der ostfriesischen Häuptlingsfamilien und der damit verbundenen Bildung von Parteien und Interessengruppen wurden die Vitalienbrüder immer wieder gerne als Hilfstruppen zur Verstärkung der eigenen Mannschaften aufgenommen. Dies konnte sich nur ändern, wenn es gelang, die beiden sich feindlich gesinnten Gruppierungen um Keno tom Brok sowie Folkmar Allena einerseits und Hisko von Emden sowie Edo Wiemken andererseits möglichst auf Dauer zu versöhnen.

Die entsprechenden Verhandlungen begannen am 12. Mai, also bereits einen Tag nach der Hinrichtung der 25 Vitalienbrüder. Als Verhandlungsort wurde das Franziskanerkloster zu Emden gewählt.

Welche Bedeutung diesen Verhandlungen beigemessen wurde, wird daran erkennbar, dass sich in deren Verlauf fast alle Häuptlinge aus dem ostfriesischen Bereich sowie Abgesandte der Landschaften, auch aus Westfriesland, einfanden. Ferner waren die Groninger beteiligt. Und auch die Kaufleute aus Bremen fanden unter Ludger Wolters noch ihren Weg nach Emden. Sonderbarerweise ließen sie ihre Schiffe in der Osterems zurück und nahmen den Landweg. Auf Nachfrage der Versammlung teilte Bremen offiziell mit, die Verspätung ihrer Abordnung sei wohl auf Windmangel zurückzuführen. Großes Interesse zeigte die aber offenbar ohnehin nicht, denn sie reiste vorzeitig wieder ab.

Bevor es jedoch zu den eigentlichen Verhandlungen kam, sollte mit Keno und Folkmar abgerechnet werden. Von Hisko und seinen Genossen war keine Rede. Ganz offensichtlich bewährte dessen Taktik sich hier bereits.

Folkmar hatte keine allzu guten Aussichten, wenn man bedenkt, dass er sogar von seinem Schwiegersohn belastet worden war, die Seeräuber unterstützt zu haben. Er wurde deshalb auch kurz und bündig aufgefordert, seine Stammburg in Osterhusen herauszugeben. Keno dagegen rechtfertigte sich nach Kräften gegen den Vorwurf, sein Versprechen vom 25. Februar nicht gehalten zu haben. Seine Behauptung, er habe die besiegelte Zusage sehr wohl eingehalten, wurde ihm aber nicht abgenommen. Der für ihn positive Bericht des Ratsschreibers aus Hamburg wurde in keiner Weise berücksichtigt. Er wurde vielmehr aufgefordert, sein Auricher Schloss als Sicherheit zur Verfügung zu stellen. Zu einer Einigung kam es in diesem Vorverfahren aber offenbar nicht.

Für die Versöhnungsverhandlungen wurden nun gewisse Regeln festgesetzt. Danach sollte jede der beiden Parteien vier Vertrauensmänner wählen, die nach friesischem Recht entscheiden konnten, wenn es nicht gelingen sollte, eine Einigung zu erzielen. Für den Fall, dass es diesbezüglich zu unterschiedlichen Auslegungen kommen würde, behielten sich die Städte allerdings die letzte Entscheidung vor. Als Sicherheiten sollten Keno das Schloss in Aurich und Folkmar die Burg in Osterhusen zur Verfügung stellen. Aber auch von Hisko wurden sein Schloss und seine Stätte in Emden als Sicherheit verlangt. Derje-

nige, der sich dem Spruch nicht unterwerfen würde, sollte sein verpfändetes Eigentum der Gegenseite überlassen. Auch hier erwies sich Hisko als anpassungsfähiger. Er stimmte der Abtretung seines Besitzes zu, während Keno und Folkmar trotz Bedenkzeit ablehnten. Sie blieben misstrauisch und wollten ihre schönen Besitztümer nicht bei einem solchen Verfahren aufs Spiel setzen.

Dennoch gingen die Verhandlungen weiter. Keno zog seine Mutter, die „Quade Foelke", hinzu. Hisko beteiligte seinen Vater, Leward von Norden, und Edo Wiemken. Acht Tage wurde hart um die Positionen gerungen, bis es am 23. Mai endlich zu einer feierlichen Schlusssitzung kommen konnte, in der das ausgehandelte Ergebnis zusammengefasst wurde. Zuvor mussten sich die Beteiligten verpflichten, den Aussöhnungsbeschluss anzunehmen und danach zu handeln. So geschah es. Bekräftigt wurde der Akt durch Handschlag vor der ganzen Versammlung. Sodann mussten die Parteien zusichern, dass sie den Städten unverzüglich helfen würden, gegen diejenigen anzugehen, die Vitalienbrüder in irgendeiner Weise unterstützten.

Der Aussöhnungsspruch sah als Erstes vor, dass Keno den Turm zu Margenfelde (Marienkamp bei Esens) abzubrechen und die Kirche wieder den Nonnen zu überlassen habe. Ferner musste er den Städten sein Schloss in Wittmund als Faustpfand übergeben. Folkmar Allena musste seine Burg in Groothusen opfern. Keno konnte sein Auricher Schloss und Folkmar seine Stammburg in Osterhusen also retten!

Dann wurde festgelegt, dass von beiden Parteien vier Schiedsrichter auszuwählen seien, die möglichst bis zum 25. Juli eine Friedensvereinbarung vorlegen sollten. Ansonsten würden die Verhandlungen in Groningen unter Beteiligung des Rates dieser Stadt fortgesetzt werden. Als oberste Schiedsrichter sollten dann auch Vertreter der Hansestädte hinzugezogen werden. Zur Absicherung der Bedingungen und zum Zeichen des guten Willens mussten von beiden Seiten Geiseln gestellt werden.

Keno stellte sich daraufhin selbst zur Verfügung. Außerdem wurde Folkmar Allenas Neffe Aielt bestimmt, sich in die Hände der Bremer zu begeben. Hiskos Sohn und Gerald Wiardis' Sohn sollten nach Groningen gebracht werden. Letztlich wurde noch festgelegt, dass beide Seiten ihre Gefangenen in Freiheit zu setzen hätten.

Wie Störtebeker ausgesehen hat, ist nicht bekannt. Dennoch wird er mit diesem Bildnis identifiziert.
Wie es dazu kam, wird im Kapitel „Ein Gesicht macht Geschichte" erläutert

Die Urkunde über die Aussöhnung und deren Bedingungen wurde schließlich am 23. Mai von insgesamt 25 Häuptlingen und fünf Landschaftsvertretern unterzeichnet. Ihr Inhalt wurde seitens der Hauptleute der Städte bezeugt. Für Lübeck unterzeichnen Henning von Rintelen und Johann Krispin, für Hamburg Albert Schreye und Johann Nanne, für Bremen Ludger Wolters, für Groningen Sweder van Wynden sowie Alf und Albert Scheling.

In einer weiteren Urkunde gelobten sämtliche Häuptlinge und Gemeinden von Ostfriesland, den Vitalienbrüdern in Zukunft keinen Vorschub mehr zu leisten. Allen Kaufleuten solle die Freiheit des Handelsverkehrs gegen den herkömmlichen Zoll gewährleistet werden, sowohl tagsüber als auch nachts, zu Wasser und zu Lande. Darüber hinaus wurde sogar versprochen, das Strandrecht nicht anzuwenden. Wenn jemand Schiffbruch erleiden würde, so wurde festgelegt, könne er das Gut selbst bergen, es an sich nehmen und damit machen, was er wolle. Falls er bei der Bergung Hilfe brauche, solle dafür nur der redliche Arbeitslohn zu zahlen sein.

Es ist mit einiger Sicherheit anzunehmen, dass dieses Zugeständnis nicht ganz ohne Druck zustande gekommen ist. Denn gerade für die Bewohner der Inseln vor der ostfriesischen Küste war die Bergung von Strandgut von existenzieller Bedeutung. Deshalb kann durchaus davon ausgegangen werden, dass der Strandung von Schiffen seinerzeit vielfach auf nicht ganz legale Art und Weise nachgeholfen wurde!

Nun aber zurück zu den Maßnahmen der Städte: Um erst gar keine Zweifel an ihrem Durchsetzungswillen aufkommen zu lassen, verbrannten und zerstörten die Hanseaten am 14. Juni Folkmar Allenas Burg in Groothusen. Interessant ist die Begründung. Außer der erneuten Aufnahme der Vitalienbrüder warf man ihm vor, er sei dabei behilflich gewesen, vier große Schiffe in Marienhafe zu verbrennen. – Leider werden zu den Umständen, die zur Verbrennung der Schiffe führten, keine Einzelheiten mitgeteilt. Ferner bleibt unklar, weshalb Keno dafür nicht ausdrücklich zur Rechenschaft gezogen wurde, denn die Schiffe, die sicherlich den Kaufleuten der Hanse gehörten, wurden schließlich in seinem Hafen in Brand gesetzt (... *to Marienhove brand worden*).

Auch die Burg Sibrands von Loquard wurde in Schutt und Asche gelegt. Als Missetat kreidete man auch ihm an, die Vitalienbrüder gehegt und ihnen Unterschlupf gewährt zu haben. Ganz besonders aber nahmen die Schiffshauptleute der Hanse es ihm übel, dass er Gödeke Michel bei sich versteckt hatte. Dieser war sogar noch auf der Loquarder Burg gewesen, als die Lübecker und Hamburger nach Emden kamen. Mit Sibrands Hilfe wird es Gödeke Michel gelungen sein, rechtzeitig mit seiner Truppe das Weite zu suchen. Dafür wurde ihm nun die Rechnung präsentiert.

In der Niederschrift über die Verhandlungen zu Emden ist in diesem Zusammenhang zwar von einem Godeke Wessels die Rede, aber die Historiker sind sich einig, dass es sich hier um Gödeke Michel handelt. Dies geht auch eindeutig aus einem Zwischenbericht von Albert Schreye und Johann Nanne an Hamburg hervor, in dem sie mitteilen, „zwei Hauptleute, Gödeke Michael und Wigbold seien mit 200 Wehrhaften nach Norwegen gesegelt".

Die Vertreter der Hanse hatten ganze Arbeit geleistet: Sie hatten die Seeräuber aus Ostfriesland verjagt, die ihnen behilflich gewesenen Häuptlinge gedemütigt und hart bestraft – und sie waren überzeugt, in Hisko und seiner Partei treue Helfer ihrer Interessen gewonnen sowie letztlich eine Aussöhnung der streitbaren Gruppierungen eingeleitet zu haben!

So konnten sie sich in den letzten Tagen in Emden noch als großzügig erweisen. Sie begnadigten 25 Friesen, die bei den Vitalienbrüdern zwar mitgemacht hatten, aber, wie sie behaupteten, dazu gezwungen worden waren. Kenos Kaplan Almer erhielt darüber eine von Henning von Rintelen und Albert Schreye ausgestellte Urkunde, von der den namentlich genannten Begnadigten im Bedarfsfalle eine Abschrift angefertigt werden sollte.

Stolz berichteten Lübeck und Hamburg in dem Einladungsschreiben zur nächsten Versammlung an die preußischen Städte, dass nach Angaben ihrer am 2. Juli 1400 heimgekehrten Schiffshauptleute wohl 200 Vitalienbrüder gerichtet und *anders dot gebleven* seien. Fünf Schlösser seien genommen und zwei davon niedergerissen worden. Zwei andere seien einem Friesen (Propst Hisko) überlassen worden. Das fünfte (Wittmund) hätten sie selbst besetzt, um die Gegend besser von Vitalienbrüdern freihalten zu können. Ferner wurde in der Einladung vermerkt, dass Keno tom Brok und Aielt, Folkmar Allenas Neffe, die sich als Geiseln gestellt hätten, persönlich zu der Versammlung geladen würden, um sich für das zu verantworten, was geschehen sei, als Kenos Priester Almer auf der Tagung in Lübeck war.

9350 Lübische Mark hat das gesamte Unternehmen gekostet. Über die Verluste an Mitgliedern der eigenen Mannschaften wurde geschwiegen.

Die reichen Hansestädte hätten das Geld und den Aufwand sicher leichter verschmerzt, wenn der Erfolg von Dauer gewesen wäre. Es zeigte sich aber schon bald, dass das Streben nach freiem Handel und unbehindertem Schiffsverkehr auf der Nordsee an der zu vertrauenswürdigen Einschätzung der Hamburger und Lübecker gegenüber Propst Hisko und Edo Wiemken scheitern würde. Die Bremer um Ludger Wolters, die mit den landespolitischen Verhältnissen offenbar besser vertraut waren, hatten sich aber mit ihrer Skepsis nicht durchsetzen können. So sollten die Fehden und die Seeräubereien noch längst kein Ende finden.

Die Hansestädte haben zwar über die Abrechnung mit den Vitalienbrüdern und ihren Helfern ausführliche Protokolle geschrieben und sorgfältig Buch geführt, die Aktion auf der Osterems scheint jedoch etwas übereilt und nicht zuletzt wegen der Verspätung der Bremer mit weniger Sorgfalt und Übersicht ausgeführt worden zu sein. Denn sie mussten ja eingestehen, dass Gödeke Michel und Wigbold mit ihren Leuten entkommen und nach Norwegen gesegelt waren.

Wo Gödeke Michel und Magister Wigbold geblieben sind, ist also bekannt. Wo aber blieb Störtebeker? War er überhaupt dabei?

Karl Koppmann erinnert in seiner Abhandlung über Klaus Störtebeker daran, dass dieser in der Klageakte der Engländer immer neben (wenn auch in der Reihenfolge nach) Gödeke Michel genannt wird. Diese enge Verbindung biete Grund zu der Annahme, Störtebeker habe sich auch im Jahr 1400 zusammen mit Gödeke Michel in Loquard aufgehalten. Dem kann zugestimmt werden. Nicht anzunehmen ist dagegen, dass Störtebeker, wie Koppmann vermutet, mit nach Norwegen geflohen ist, weil die Zahl von 200 Vitalienbrüdern besser für zwei Schiffe passen würde. Es liegt vielmehr nahe, dass ein zweites Schiff von dem ausdrücklich genannten Magister Wigbold geführt wurde.

Die Hamburger beabsichtigten übrigens ursprünglich, den Seeräubern nach Norwegen zu folgen. Aus zeitlichen Gründen und weil sie nicht ausreichend Proviant an Bord hatten, segelten sie jedoch zurück in die Elbe.

Eine andere Gruppe der gefürchteten Seeräuber fand offenbar Aufnahme im nahen Holland. Herzog Albrecht schließt am 15. August 1400 sogar einen Vertrag mit ihnen:

Albrecht etc. gibt bekannt, dass wir einen Vertrag geschlossen haben mit ... Johan Stortebeker ... von der Gemeinschaft der Vitalienbrüder, bis zu 114 Mann, in der Art, dass wir sie zu unserer Freundschaft aufnehmen und ihnen freies Geleit geben, friedlich zu kommen, zu fahren, zu verkehren, sich hier aufzuhalten überall in unserem Land, so es ihnen beliebt. Fortan sollen diese vorgenannten Vitalienbrüder Feind sein all derer, die unsere Feinde sind: die Ostfriesen vom Westergau und vom Ostergau bis zur Lauwers hin, die von Groningen, die von Hamburg, die jenseits der Lauwers Ansässigen und die mit uns verfeindet sind. Und was gefangen wird, Schiffe oder anderes Gut, was diese Vitalienbrüder zu uns bringen, das sollen sie ungehindert gebrauchen und fahren, wohin sie wollen und dort beschützt sein ... Fortan sollen sie von uns und unseren Untertanen nicht verfolgt und beschädigt werden, sie sollen erst auf See auf ihrem freien Wege sein ...

Als Vertragspartner tritt hier neben sieben anderen namentlich genannten Vitalienbrüdern ein Johan Stortebeker auf. Koppmann nimmt an, dieser Störtebeker sei ein Verwandter oder Namensvetter Klaus Störtebekers gewesen, nicht aber dieser selbst. Eine Begründung für diese Auffassung gibt er nicht, abgesehen von der erwähnten Vermutung, Störtebeker habe sich nach Norwegen begeben.

Die unterschiedlichen Vornamen müssen aber keinesfalls als Beweis dafür gelten, ihre Inhaber seien nicht identisch. Wie bereits dargelegt wurde, wird Störtebeker in der Klageschrift der Engländer stets ohne Vornamen genannt. Er wird vielmehr als „de Stertebeker" und als „one called Strotbeker", also als der Störtebeker und als einer, der Störtebeker genannt bzw. gerufen wurde, bezeichnet.

Offenbar hat Störtebeker selbst keinen Wert auf die Verbreitung seines Vornamens gelegt. Weshalb sollte er auch? Anonymität kann für einen Seeräuber manchmal durchaus vorteilhaft sein! Wenn Johan der falsche Vorname war, wird er deswegen nicht protestiert haben, war es der richtige, wird er ihn Herzog Albrecht gegenüber nicht geleugnet haben.

Im November 1400 nimmt Herzog Albrecht noch weitere 150 Vitalienbrüder auf, die sich bis dahin beim Grafen von Oldenburg aufhielten. Er erlaubt ihnen den Aufenthalt in Stavoren, um „seine Feinde zu schädigen", unter anderem die „Westfriesen und die von Hamburg".

Da die in Holland untergekommenen Vitalienbrüder sich zunächst zurückhielten, blieb es für den Rest des Jahres 1400 offenbar ruhig auf der Nordsee.

Hinter den Kulissen wurde jedoch fleißig gearbeitet. Keno tom Brok war verständlicherweise bestrebt, schnell aus der Geiselhaft in Bremen entlassen zu werden. Insbesondere befürchtete er, Hisko könnte zu mächtig werden. An den alten Beschützer seines Hauses, Herzog Albrecht, konnte er sich nicht wenden, denn dieser hatte ja die geflohenen Vitalienbrüder aufgenommen. Er nahm daher Kontakt mit dem Herzog Wilhelm von Geldern und Jülich, Graf von Zutphen, auf und bat diesen, ihm dabei behilflich zu sein, dass er *quijt von de Stede by hoen kome*, also von der Schmach der Geiselhaft freikomme. Als Gegenleistung wolle er dem Herzog seine Besitzungen zu Lehen übertragen. Der Herzog seinerseits versprach, falls er Eroberungen an der Ostseite der Ems machen werde, insbesondere wenn ihm Emden in die Hände fiele, Keno oder einen seiner Freunde als Verwalter einzusetzen. Hier wird Kenos Bestreben, Emden in seinen Besitz zu bekommen, offenkundig!

Dem Herzog gelang es zum November 1400 tatsächlich, Keno und auch Folkmar Allenas Neffen vorläufig freizubekommen. Die Lehnsurkunde wurde am 11. Juni 1401 ausgestellt. Hiernach wurden dem Herzog die Ländereien und Schlösser von Aurich, von Norden, des Brookmerlandes, des Harlingerlandes, des Landes zu Östringen, des Lengener Landes, des Oberledingerlandes, des Saterlandes sowie des Emsigerlandes mit Ausnahme von Emden aufgetragen, und Keno erhielt sie als Lehen zurück. Mit dieser Aufzählung wird deutlich, dass Keno fast ganz Ostfriesland zu seinem Herrschaftsbereich rechnen konnte.

Die Hanse nahm diese Entwicklung hin. Von dem Bestreben, die ostfriesischen Häuptlinge untereinander zum Frieden zu bewegen, war kaum mehr etwas zu spüren. Man begnügte sich auf der Tagung in Stade mit der Vermittlung des Herzogs von Geldern und ließ den Dingen in Ostfriesland ihren Lauf.

Er steht im Mittelpunkt des Geschehens:
der legendäre Störtebekerturm

Zwei Piraten gehen ins Netz

Störtebekers und Gödeke Michels Überwältigung

Während die bisher geschilderten Ereignisse durch Urkunden und andere Schriftstücke belegt sind, fehlen solche Unterlagen zu der Gefangennahme und Hinrichtung Störtebekers und Gödeke Michels weitgehend. Allerdings bieten die Kämmereirechnungen der Stadt Hamburg einige Anhaltspunkte, lassen aber auch genügend Spielraum für zeitlich unterschiedliche Auslegungen. Dagegen beschäftigen sich die Schreiber der Chroniken für die Zeit um 1400 relativ häufig mit dem Ende der bekannten Seeräuber. Da diese Chroniken aber vielfach erst Jahre später zu Papier gebracht wurden, ist insbesondere bei der Datierung der einzelnen Vorkommnisse Skepsis angebracht. Falls keine neuen schriftlichen Beweisstücke auftauchen, und damit dürfte nach sechs Jahrhunderten kaum noch zu rechnen sein, werden die Vermutungen und Auslegungen wohl nicht abreißen.

Die Schifffahrt ruhte in der Regel in den Wintermonaten. Sie wurde erst am 22. Februar wieder aufgenommen. Störtebeker und Genossen werden zu dieser Zeit auch an Land geblieben sein, da es auf See kaum etwas zu kapern gab.

Die erste Nachricht, dass Gödeke Michel wieder auf See sei und mit seinen Kumpanen wahrscheinlich in den Öresund ziehen werde, kam am 24. März 1401 aus Lübeck. Die dort versammelten Abordnungen verlangten von den preußischen und wendischen

Dieses Gemälde zeigt, wie der mit Ketten am Mastbaum gefesselte Störtebeker, von den hansischen Häschern bewacht, und seine offenbar schwer verwundeten Mitstreiter nach Hamburg gebracht werden

Störtebekers Einbringung.

Städten, je ein Schiff mit 50 Mann auszurüsten. Von Störtebeker ist nicht die Rede – ein weiteres Indiz dafür, dass beide ihre eigenen Wege gingen.

Ausgehend davon, dass Herzog Albrecht die Vitalienbrüder den Winter über beköstigt hat, wird er Wert darauf gelegt haben, seine Unkosten wieder hereinzubekommen. Er hatte seinen Gästen ja ausdrücklich zugebilligt, das geraubte Gut ungehindert zu gebrauchen, was durchaus zuließ, es auch zu veräußern.

Störtebeker wird somit im Frühjahr 1401 wieder aktiv geworden sein. Ob er allerdings noch in seinem Sinne erfolgreich war, ist nicht anzunehmen, denn es deutet einiges darauf hin, dass er mit seinen Kumpanen bald erwischt wurde.

In Ostfriesland und unmittelbar vor der Küste durften sich die Vitalienbrüder aufgrund der Emder Verhandlungsergebnisse nicht sehen lassen. Störtebeker und Wichmann werden daher versucht haben, den Handelsverkehr von Helgoland aus zu verfolgen und bei günstiger Gelegenheit zuzugreifen. Es kam aber ganz anders.

Die Rufus-Chronik enthält dazu folgende (übersetzte) Nachricht: „Die Englandfahrer der Stadt Hamburg fochten auf der See mit den Seeräubern, die sich *Vytalienbrodere* nannten und besiegten sie. Sie erschlugen bei Helgoland bis zu 40 und nahmen etwa 70 gefangen. Diese brachten sie mit nach Hamburg und ließen ihnen die Köpfe abschlagen ... Die Hauptleute dieser Vitalienbrüder wurden Wichmann und Clawes Stortebeker genannt."

Die Überwältigung der Seeräuber ist insbesondere durch das „Störtebekerlied" ausgeschmückt worden. Tatsächlich aber ist über die Einzelheiten der Gefangennahme wenig bekannt. Ausführliche Protokolle, wie über die Aktion auf der Osterems, fehlen. Es kann nur vermutet werden, dass Störtebeker, sein Mitstreiter Wichmann und ihre Mannschaften sich sicher fühlten, weil sie davon ausgingen, dass die Hanse nach der Vertreibung aus Ostfriesland nicht mehr mit ihnen rechnete.

Die Hamburger hatten jedoch bekanntlich vor, den nach Norwegen entwichenen Seeräubern zu folgen, diesen Plan aber wohl nur aufgeschoben. So konnte die Winterzeit genutzt werden, die Schiffe auszurüsten und die Mannschaften auszustatten. Im Frühjahr 1401 konnte die Aktion somit starten. Vielleicht wollten die Hamburger auch gemeinsam mit den preußischen und wendischen Städten gegen Gö-

deke Michel vorgehen. Dass sie unterwegs auf Störtebekers und Wichmanns Trupps stießen, mag Zufall gewesen sein.

Die Flotte der Hamburger wird durch die intensiven Vorbereitungen so stark gewesen sein, dass die Vitalienbrüder keine Chance hatten, wirksamen Widerstand zu leisten. Auch ein Entkommen war wohl nicht mehr möglich, wenn der Überraschungseffekt berücksichtigt wird. Hilfe von Gödeke Michel und Magister Wigbold konnte auch nicht erwartet werden, denn diese waren ja einige hundert Seemeilen entfernt.

Bei der Schlacht auf der Osterems war es einer ganzen Anzahl von Seeräubern gelungen, über das Wattenmeer zu flüchten. Hier, auf offener See, wo eine Flucht nicht möglich war, nahmen die Hamburger die etwa 70 Überlebenden gefangen und brachten sie nach Hamburg. Es liegt nahe, dass ihre Rückkehr in den Heimathafen eine demonstrative Angelegenheit wurde. Und dies gilt sicherlich auch für die Einkerkerung und die Hinrichtung der verhassten Seeräuber. Über die Abrechnung der Unkosten für den Einsatz gegen die Vitalienbrüder, deren Verwahrung und über ihre spätere Hinrichtung sind einige Unterlagen erhalten geblieben.

Die Kämmereirechnungen der Stadt Hamburg enthalten unter dem Jahr 1401 folgende Ausgabe: *Expos. ad reysam dominorum Hermanni Langhen et Nicolai Schoken in Hilghelande de anno preterito contra Vitaliensis: Summa 57 tal.* Hermann Lange und Nicolaus Schoke bekamen für ihre Fahrt nach Helgoland und ihren Einsatz gegen die Vitalienbrüder 57 Pfund.

Dieser Vorgang passt zeitlich durchaus mit den vorhergehenden Schilderungen zusammen, obwohl „anno preterito" mit „im vergangenen Jahr" zu übersetzen ist. Die Abrechnungen im Kämmereibuch wurden nämlich nach Rechnungsjahren vorgenommen, und diese begannen und endeten jeweils mit dem Beginn der Schifffahrt am 22. Februar. Im vorliegenden Fall wird die Buchung also in der Zeit vom 1. Januar bis 22. Februar 1402 (Rechnungsjahr 1401) vorgenommen worden sein, während die erstattete Summe von 57 Pfund im Vorjahr, d. h. im Kalenderjahr 1401, und nicht bereits 1400, ausgelegt wurde oder anfiel.

Die Kämmereirechnungen geben also eindeutig Aufschluss darüber, von welchen Schiffshauptleuten die Hamburger angeführt wurden. Neben den erwähnten 57 Pfund erhielten Lange und Schoke ebenfalls 1401 – nach dem erfolgreichen Abschluss ihrer Mission – weitere 16 Pfund für Masten und anderes Holzwerk, das aus dem eroberten Schiff Störtebekers genommen wurde.

Das Schiff war ein mittelgroßer Holk. Der Holk war allgemein etwas tragfähiger als die Kogge und hatte vermutlich zunächst einen Mast. Im Laufe des 15. Jahrhunderts verdrängte der dreimastige Holk die Kogge.

Auf Waren oder Raubgut an Bord des Seeräuberschiffes findet sich kein Hinweis. Hieraus kann gefolgert werden, dass Störtebeker schon bald nach seiner Ausfahrt überwältigt wurde, jedenfalls bevor es ihm gelang, irgendein Handelsschiff zu kapern und auszurauben. In den Kämmereirechnungen ist ferner folgende Ausgabe unter 1401 notiert:

3 talenta knockere ad sepeliendum 73 personas Vitaliensis. Item 5 talenta bedello de Buxtehude ad decollandum Vitaliensis.

Der Henkersknecht erhielt also die dreifache Entschädigung wie im Vorjahr für das Eingraben der in Emden hingerichteten Seeräuber. Damals hatte er 30 (oder 36) eingescharrt und dafür 1 Pfund (Talenta) erhalten, so dass das Verhältnis in etwa stimmt. Dagegen hatte der Scharfrichter 12 Talenta erhalten. Hier bekam er nur fünf Pfund. Dies kann damit erklärt werden, dass in der Zeit, während der die Vitalienbrüder eingesperrt waren, viele verstarben oder vielleicht auch begnadigt wurden, so dass nur noch zwölf bis fünfzehn hingerichtet worden sind. Vielleicht war die Entschädigung in Emden aber auch höher, weil dem Scharfrichter für seine dortige Tätig-

Gefesselt, aber stolz erhobenen Hauptes verlässt Störtebeker, von Alt und Jung bestaunt, das Schiff (Holzschnitt nach einer Zeichnung von Karl Gehrts, 1877)

Hier auf dem Grasbrook fand die Hinrichtung der Vitalienbrüder statt. Galgen, Räder und die aufgereihten Köpfe sind links zu erkennen (Ausschnitt aus einer Elbkarte von M. Lorichs aus dem Jahr 1568, Staatsarchiv Hamburg)

keit größere Aufwendungen entstanden. Die Anzahl von 73 Begrabenen stimmt dagegen fast genau mit den Angaben in den Chroniken überein, in denen berichtet wird, etwa 70 Seeräuber seien gefangen genommen und 40 hätte man erschlagen.

Dass die Vitalienbrüder einige Zeit eingesperrt waren, geht aus einer weiteren Kämmereirechnung hervor, die ebenfalls aus dem Jahr 1401 stammt: *Item pro expensis Hollandinorum captivorum et Frisonum et Vitaliensium sub pretorio 193 tal. 7 sol. Item 42 solidi Knockere ad custodiendum captivos.* Für das Verwahren bzw. Bewachen von Holländern, Friesen und Vitalienbrüdern sind demnach nicht unerhebliche Ausgaben angefallen. Kein Wunder also, dass dieser Posten möglichst schnell eingespart werden sollte. Wie aus früheren Berichten zu schließen, ist es durchaus nicht ungewöhnlich, mit Seeräubern kurzen Prozess zu machen. In dem vorgenannten Beleg ist von gefangenen Holländern und Friesen die Rede. Dies ist ein weiterer Anhaltspunkt dafür, dass es sich dabei um die Seeräuber handelte, die bei dem Angriff der Hamburger und Lübecker auf der Osterems nicht erwischt worden waren und sich später bei Herzog Albrecht von Holland aufgehalten haben. Die Seeräuber wurden laut Koppmann im Keller des Rathauses, also im Zentrum der Stadt,

gefangen gehalten. Die Hinrichtung fand auf dem Grasbrook vor den Toren Hamburgs statt. Hier konnte sich eine Menge Schaulustiger einfinden, so dass durchaus Volksfeststimmung aufgekommen sein mag, als Störtebeker und seine Leute das Zeitliche segneten.

Nach der Enthauptung durch den Scharfrichter, der sich entweder „von Buxtehude" nannte oder aus diesem Ort kam, wurden die Köpfe der Seeräuber aufgespießt und zur Abschreckung auf der Wiese am Elbufer aufgestellt. Die Rufus-Chronik schildert das so: *Ere hovede setten se by de Elve up ene wisch to eme tekene, dat se de zee gerovet hadden.*

In den Hamburgischen Jahrbüchern von 1457, einem auf Pergament geschriebenen Register für die Zeit von 1388 bis 1413, ist vermerkt, dass Wichmann und Störtebeker *anno 1402 altohand na Feliciani afgehouwen* seien, also kurz nach Feliciani geköpft worden wären. Wigbold und Gödeke Michel seien ein Jahr später hingerichtet worden. Koppmann datiert den Felicianustag auf den 20. Oktober. Die genannten Jahreszahlen werden allerdings von Historikern angezweifelt.

Während Störtebeker und Wichmann das Schicksal ereilte, waren Gödeke Michel und Wigbold noch einmal davongekommen. Möglicherweise hatten sie

Wind von den Aktivitäten der Hamburger oder von den Lübecker Beschlüssen bekommen und sich rechtzeitig in Sicherheit gebracht. Vielleicht hatten sie ihr norwegisches Winterquartier aber auch erst später verlassen. Es kann indes als sicher angesehen werden, dass Gödeke Michel sein Revier anschließend in das Gebiet der Wesermündung und der Jade verlegt hat. Und hier wurde er denn auch erwischt.

Einzelheiten ergeben sich aus einer Korrespondenz zwischen den Städten Hamburg und Kampen. Das betreffende Hamburger Schreiben ist vom 27. April datiert. Die Jahreszahl fehlt zwar, jedoch kann es sich nur um das Jahr 1402 handeln. Aus dem Text ergibt sich, dass es eine Antwort auf eine Rück-äußerung (von Kampen) zu einem früheren Schrei-

ben Hamburgs ist. Hamburg teilt darin „nochmals" kurz und bündig mit, es habe Mannschaften gegen Gödeke Michel und seine Helfer ausgerüstet und diese schließlich besiegt.

Weiter wird im Detail geschildert, dass in der Kogge der Seeräuber ein Mann namens Lubbert Overdik gefangen vorgefunden worden sei. Dieser habe erzählt, die Vitalienbrüder hätten ihm sein Schiff weggenommen und es bemannt. Anschließend seien sie damit in die Jade entwichen. Wie weiter angeführt wird, wurden die Seeräuber von den Hamburgern verfolgt. Auf der Flucht leichterten die Vitalienbrüder das geraubte Schiff, indem der größte Teil der Ladung, die aus Bier bestand, ein-fach über Bord geworfen wurde, um weiter land-

einwärts fahren zu können. Mit viel Einsatz und Mühe gelang es dennoch, das Schiff zurückzugewinnen. Es wurde nach Hamburg gebracht, wo das an Bord befindliche Gut nach örtlichem Recht aufgeteilt wurde: Je ein Drittel erhielten diejenigen, die die Arbeit getan hatten, die Kostenträger der Aktion sowie der Schiffer gemeinsam mit den Befrachtern. Da der Schriftwechsel sich offenbar über einen längeren Zeitraum hinzog, lag die Überwältigung Gödeke Michels vermutlich ebenfalls bereits einige Zeit zurück. Erwähnenswert ist in diesem Zusammenhang ein Schreiben Edo Wiemkens, worin er gegenüber Hamburg behauptet, die auf der Jade Gefangenen seien keine Seeräuber gewesen. Er nennt darin sogar ihre Namen und verlangt ihre Auslieferung. Dieses Schreiben wurde 1401 abgefasst.

Der Ratsmann Nicolaus Schoke, der bereits führend an der Expedition gegen Störtebeker beteiligt war, leitete auch das Unternehmen gegen Gödeke Michel, und zwar zusammen mit Hinrich Jenefeldt. Dies geht aus den Kämmereirechnungen des Jahres 1401 hervor, wonach sie für ihren Einsatz 230 Pfund, 14 Schilling erhielten. Als Einsatzort wird die Weser genannt. Nicolaus Schoke erhielt im Jahre 1402 aus der Stadtkasse ein Geschenk von 64 Pfund für eine Reise nach Spanien, vermutlich als Anerkennung seiner erfolgreichen Einsätze gegen Störtebeker und Gödeke Michel. Bevor er diese Reise antrat, machte er sein Testament, das von Koppmann auf den 24. März

Die Hinrichtung Störtebekers und seiner Kumpanen fand große Aufmerksamkeit. Dieser Holzschnitt wurde 1870 in Paris veröffentlicht

1402 datiert wird. Koppmann folgert hieraus, dass die Blutsarbeit gegen Störtebeker und Gödeke Michel zu diesem Zeitpunkt bereits vorüber war.

Den Hamburgern gebührt der Erfolg allerdings nicht allein. In einem Briefwechsel zwischen Hamburg und der holländischen Stadt Hoorn behauptet diese, ihre Einwohner hätten bewaffnete Koggen ausgesandt. Gödeke Michel sei so lange festgehalten worden, bis die übrigen Schiffe herbeigekommen seien und er mit einem Holk überwunden worden wäre. Hamburg streitet den Anspruch auf Beteiligung der Hoorner an der Beute ab, gesteht allerdings zu, dass 40 Mann aus Enkhuizen beteiligt waren. Aus dieser Stadt macht ein Gerrit Jakobsen Ansprüche geltend. Er habe das Schiff des Gödeke Michel in der Jade genommen und zehn an Bord gekommene Hamburger beköstigt. Nach langen Streitigkeiten wurde schließlich ein Vergleich geschlossen, wonach Jakobsen rund 54 Pfund von Hamburg erhielt. Die Holländer, seien sie nun aus Hoorn oder aus Enkhuizen, waren also an der Überwältigung Gödeke Michels mit beteiligt.

Die Kämmereirechnungen der Stadt Hamburg von 1402 geben Aufschluss darüber, wer neben den genannten Expeditionsleitern noch an den Aktionen – zumindest an der gegen Gödeke Michel – mitwirkte. Es werden genannt Simon von Utrecht, Werner von Uelzen und Hermann Nyenkerken.

Simon von Utrecht, der spätere Bürgermeister von Hamburg, erhielt mehrere Beträge für seine Arbeit und für die Ausbesserung der zerstörten Gerätschaften seines Schiffes und der „Bunten Kuh". Für dasselbe Schiff erhielt auch Hermann Nyenkerken eine Entschädigung. Vielleicht waren beide Anteilseigner des legendären Schiffes. Schiffsführer war auf jeden Fall Nyenkerken. Den Ruhm aber, der nach der Ergreifung der gefürchteten Seeräuber folgte, erntete in erster Linie Simon von Utrecht. Dies wird, unabhängig von seinem späteren Wirken für die Stadt, auch damit zusammenhängen, dass er, wie auch Werner von Uelzen, in den Rechnungsunterlagen ausdrücklich als derjenige bezeichnet wird, der Gödeke Michel und seine Raubgesellen gefangen hat.

Hamburg hat für Simon von Utrecht im Jahre 1661 einen Gedenkstein fertigen lassen, der sich jetzt im Museum für Hamburgische Geschichte befindet. Die gemeißelte Inschrift weist sowohl auf den Piraten „Stortbeck" als auch auf das Ergreifen Gödeke Michels hin.

Seeräuber und kein Ende

Störtebekers Nachfolger machen weiter

Wer geglaubt hatte, mit der Überwältigung und der Hinrichtung der Seeräuberhauptleute Störtebeker und Gödeke Michel sei das Kapitel der Vitalienbrüder endgültig abgeschlossen, sah sich enttäuscht, wie die Ereignisse in den Jahren nach der Jahrhundertwende zeigen.

Die Hansestädte, insbesondere Hamburg, hatten der Entwicklung in Ostfriesland zu wenig Aufmerksamkeit geschenkt. Die alten Streitereien zwischen den Häuptlingen waren keineswegs beendet. Zur Unterstützung der eigenen Kämpfer waren die Seeräuber immer noch willkommen.

Propst Hisko von Emden arrangierte sich mit Folkmar Allena von Osterhusen sowie mit Hayke von Faldern. Zugleich zog er die Groninger auf seine Seite. Da die Bremer offenbar von dieser Entwicklung beunruhigt waren, teilten Hisko und Folkmar ihnen mit, sie würden nicht gegen die seefahrenden Kaufleute vorgehen, sondern betrachteten die Holländer als ihre Feinde.

Keno tom Brok ahnte jedoch, wem die Verstärkung Hiskos eigentlich galt und bereitete sich entsprechend vor. Tatsächlich kam es zum offenen Krieg, den Keno für sich entschied. Mit Folkmar und Hayke versöhnte er sich jedoch kurze Zeit später wieder.

Nun sah sich Hisko erst recht veranlasst, Emden zu einer Freistätte für die Seeräuber zu machen. Keno warnte daraufhin die Hanse, so dass Lübeck es für richtig hielt, von den anderen Städten Unterstützung zu fordern, falls man gegen die Seeräuber Schiffe einsetzen müsse. Was Lübeck befürchtete, trat dann auch prompt ein. Im Herbst 1405 wurden von Friesland, namentlich von Emden aus, hansische Schiffe, die mit Wachs, Gewandstoffen und mit anderen wertvollen Gütern beladen waren, ausgeraubt. Auch eine Menge Bargeld wurde erbeutet. Das Raubgut wurde nach Emden und Umgebung gebracht.

Die Hanse beorderte daraufhin Boten nach Friesland, um die Situation vor Ort zu erkunden. Diese mussten nun mit eigenen Augen feststellen, dass die Anzahl und Stärke der Seeräuber ständig zunahm.

Keno beobachtete die von Emden ausgehenden Raubzüge der Vitalienbrüder ebenfalls mit Unbehagen und bot der Hanse seine Hilfe an. Im Hinblick darauf, dass er – wie er angab – zu dieser Zeit die Möglichkeit hatte, sich mit Hisko auszusöhnen, drängte er auf eine baldige Entscheidung. Außer dass die Hansestädte sich gegenseitig finanzielle Unterstützung zusicherten, geschah jedoch nichts Entscheidendes.

Auch in den kriegerischen Auseinandersetzungen zwischen Herzog Wilhelm von Holland, dem Nachfolger Herzog Albrechts, und Westfriesland fanden die Vitalienbrüder ein neues Betätigungsfeld. Aus gutem Grund vermittelte der Hamburger Bürgermeister Meinhard Buxtehude zwischen den Parteien und erreichte schließlich eine Einigung.

Auf Wunsch der Hamburger sollten die Ostfriesen sich dem Friedensvertrag anschließen. Ausgerechnet die Brüder Haro Edzardisna von Greetsiel und Enno von Norden, von der Hanse wohl nicht zu Unrecht verdächtigt, ebenfalls Vitalienbrüder bei sich aufgenommen zu haben, sowie der listige Hisko schlossen einen solchen Vertrag mit dem Herzog. Offenbar wollten sie den Städten gegenüber demonstrativ Vertrauen erwecken.

Die übrigen ostfriesischen Häuptlinge blieben passiv. Eine von den Städten angesetzte Tagung in Hamburg, wo bezüglich des Friedens die näheren Einzelheiten festgelegt werden sollten, wurde weitgehend boykottiert. Keno dagegen bot nochmals per Boten seine Hilfe gegen die Heger der Vitalienbrüder an.

Nach den langwierigen und nicht sehr fruchtbaren Bemühungen sollte, so kam man schließlich auf dem Hansetag am 15. Mai 1407 in Lübeck überein, nun endlich Ernst gemacht werden. Man beschloss, eine Seewehr gegen die Seeräuber „ut Vreesland" und Umgebung aufzustellen. Dabei wurde genau festgelegt, wie viele Schiffe und Gewappnete jede Stadt zu stellen hatte. Die Friedeschiffe, wenigstens einige davon, rückten auch schließlich aus. Ob sie allerdings erfolgreich waren, wird nicht überliefert.

Die Seeräubereien gingen aber offenbar weiter: Im November beklagte sich der Rat von Hamburg bei Edo Wiemken darüber, dass dessen Auslieger (zur

Wache ausliegende Schiffe) Hamburger Kaufleuten allerhand Waren und Geld geraubt hätten. In der langen Liste der geraubten Waren werden unter anderem Heringe, Bier, Kleider, Matten, Bettdecken, Kuh- und Ochsenhäute, Butter, Käse, Schmuck, Taschen, Gürtel, Messer und lebende Schafe aufgeführt. Außerdem wird beklagt, die Seeräuber hätten die Hamburger sehr gepeinigt. Man sei wegen dieser Vorfälle äußerst verwundert, da Edo ihrem Ratsherrn Albert Schreye in Jever doch zugesichert habe, Hamburger Schiffe nicht anzugreifen. Gleichzeitig wurde Edo aufgefordert, die Sachen zurückzugeben oder zu bezahlen.

Diese Klage macht deutlich, wie sehr Edo Wiemken immer wieder, zumindest hintergründig, bei der Seeräuberei mitwirkte. Interessant ist die Schilde-

rung aber auch, weil sie einen Überblick über die damals gehandelten Waren gibt.

Im Frühjahr 1408 wurden die von den Ostfriesen zwischen Weser und Ems aufgenommenen bzw. ausgerüsteten Seeräuber erneut aktiv. Sie raubten einen Ewer, einen Holk und drei kleinere Schiffe. Lübeck konnte hierauf wegen Unruhen in den Handwerkerzünften nicht reagieren, so dass Hamburg die Aufgabe zufiel, Gegenmaßnahmen zu ergreifen. Zunächst wurden die anderen Städte alarmiert und gebeten, Hilfe zu leisten.

Hilfe kam aber auch von Keno tom Brok. Dieser machte die Hansestädte mit Schreiben vom 6. Mai nochmals eindringlich darauf aufmerksam, dass Hisko von Emden, Folkmar Allena und Hayke von Faldern Seeräuber aufgenommen und ausgestattet

Seegefecht zwischen dem Flottenflaggschiff der Hansestadt Hamburg und den Schiffen der Seeräuber vor Helgoland (Gemälde von Günther Todt)

hätten. Derzeit seien es mehr als 300. Diese Seeräuber hätten die hansischen Schiffe und die Güter genommen und in den Hafen von Faldern gebracht. Ferner forderte er, nun endgültig zu klären, ob man gemeinschaftlich gegen die vorgenannten Häuptlinge einschreiten wolle.

Um die gleiche Zeit konnten die Streitigkeiten zwischen den tom Broks und Groningen beigelegt werden. Da Keno so den Rücken frei hatte, zog es Hisko offenbar vor, sich ebenfalls mit ihm zu arrangieren und die Vitalienbrüder zu entlassen. Hisko hatte wieder einmal das richtige Gespür. Er ahnte, dass die Hanse diesmal keine Zeit verlieren wollte und er sollte Recht haben:

Die Hamburger sandten zwei Koggen und drei kleinere Schiffe mit 300 Mann aus. Später folgten noch drei Schiffe mit 150 oder 200 Leuten. Selbst die Städte Kampen und Amsterdam beteiligten sich. Die preußischen Städte gaben einen Zuschuss, worauf Hamburg weitere 200 Mann einsetzte.

Zunächst wurde die Burg Faldern einige Wochen lang belagert und dann gestürmt. Der größte Teil der Seeräuber konnte allerdings bei Nacht entkommen. Mehrere der Überwältigten wurden nach Hamburg gebracht und dort hingerichtet. Ein Hauptmann namens Hake wurde „auf das Rad gelegt". Die Räderung war eine besonders grausame Art der Todesstrafe, bei der den Verurteilten die Glieder durch ein schweres Rad zertrümmert wurden. Die noch Lebenden wurden dann häufig durch die Speichen des an einem Pfahl befestigten Rades geflochten und zur Schau gestellt.

Nach der Besetzung der Burg Haykes wurde auch das Anwesen von Folkmar Allena in Osterhusen gestürmt und besetzt. Obwohl die von Hamburg nachgesandten 200 Mann und weitere von Lübeck gestellte 100 Helfer durch widrige Winde auf der Elbe zurückgehalten wurden, konnten die Burgen der Brüder Haro und Enno in Greetsiel und Norden sowie Ailts von Osterhusen eingenommen werden. Weitere vermutete Schlupfwinkel der Seeräuber in Nesse, Arle, Berum und Pilsum folgten. Hayke und Enno wurden von ihren Besitzungen vertrieben. Die Häuptlingssitze zu Faldern, Norden und Pilsum wurden zerstört.

Die Aktion der Hanse war zwar kostspielig, aber überaus erfolgreich verlaufen. Ohne die Hilfe Kenos, der die örtlichen Verhältnisse genau kannte, wäre sie in so kurzer Zeit allerdings wohl kaum möglich gewesen.

Am 24. August 1408 traf Keno mit den Vertretern der Stadt Hamburg unter dem Bürgermeister Buxtehude eine Vereinbarung, worin er sich verpflichtete zu verhindern, dass irgendjemand zwischen Ems und Weser Vitalienbrüder aufnähme. Falls Hisko, der auch bei dieser Aktion geschont wurde, jedoch wieder Seeräuber bei sich dulden würde, erhielt Keno das Recht, Faldern wieder aufzubauen, um ihn so aus der Nähe zu bedrohen. Als Entschädigung erhielt Keno die nicht zerstörten Burgen Nesse, Greetsiel, Berum und Osterhusen sowie den befestigten Kirchturm zu Arle.

Keno hatte nun mit Hilfe der Hanse eine machtvolle Stellung in Ostfriesland erreicht. Er hatte sich aber auch, zumindest mit den von ihren Besitzungen vertriebenen Häuptlingen, neue Feinde geschaffen. Insbesondere Hisko betrachtete die starke Position Kenos mit Argwohn.

Im Februar 1409 nahm die Situation für Keno dann auch bereits ernstere Formen an. Er sah sich veranlasst, seinen Berater, den Kaplan Almer, nach Lübeck zu entsenden, um dort Beistand zu erbitten. Wenn sein Wunsch abgelehnt würde, müsse er, Keno, sich wieder mit seinen Widersachern vertragen.

Die Hanse versuchte daraufhin, zwischen Keno und Hisko zu vermitteln. Es wurde mehrfach in Emden und in Meppen verhandelt. Hier verfasste man zwar umfangreiche Verfahrensregeln, über eine Entscheidung ist jedoch nichts Näheres bekannt.

Während der Verhandlungen warf Hisko Keno unter anderem vor, wieder Vitalienbrüder aufgenommen zu haben. Dieser bestritt das heftig. Er habe seine Leute nur gegen seinen alten Kontrahenten, den Herzog von Holland, ausrücken lassen. Wenn sie jedoch Kaufleute geschädigt hätten, solle dies gerichtet werden. – Hisko versuchte mal wieder, so scheint es, sich ins rechte Licht zu setzen! Außerdem kam das Gerücht auf, die Vitalienbrüder hätten 13 Schiffe gekapert. Bischof Otto III. von Münster, der ebenfalls vermittelnd in den Verhandlungen tätig war, bot daraufhin an, den Städten bei der Vertreibung der Seeräuber zu helfen.

Erfolglos war die langwierige Vermittlung offenbar nicht, denn in der nächsten Zeit blieb es einigermaßen ruhig. Auch zwischen Herzog Wilhelm von Holland und Keno wurde mit Hilfe der Städte Frieden geschlossen, so dass das Betätigungsfeld der seeräuberischen Hilfstruppen eingeschränkt war. Lediglich im April 1410 wird noch von der Absicht der

Hanse berichtet, notfalls eine doppelt so große Streitmacht wie vor drei Jahren aufzustellen. Hierzu ist es aber anscheinend nicht gekommen.

Im Jahr 1411 gab es jedoch wieder vermehrt Klagen über Gewalttaten. Und hiermit wurde insbesondere Keno tom Brok in Verbindung gebracht. Er wurde zum Beispiel beschuldigt, dem Schiffer Henning Treptow sein Schiff geraubt zu haben. Der Hamburger Bürgermeister Buxtehude bemühte sich daraufhin wieder persönlich, die Sache zu klären. Schließlich wurde Keno bzw. sein Bevollmächtigter zum nächsten Hansetag geladen. Auch seitens des Hansekontors in Bergen wurde warnend darauf hingewiesen, Keno und die Friesen würden die Vitalienbrüder seewärts ausrüsten. Ferner korrespondierten die Städte Danzig und Bremen wegen Handelswaren, die die Vitalienbrüder geraubt hatten. Das Gut wurde zu Keno tom Brok gebracht, wobei Marienhafe sicherlich als Umschlagplatz diente.

Wie sehr das Seeräuberunwesen inzwischen wieder zugenommen hatte, ist daran zu erkennen, dass allein Keno mehr als 300 Mann hegte und die Truppe noch täglich zunahm. Dies ist ein deutlicher Hinweis darauf, dass die Häuptlinge ihre eigenen Interessen auf die Dauer stets höher einstuften als die gegebenen Versprechungen. Bremen stellte fast resignierend fest, dass kaum mit irgendeiner Ersatzleistung Kenos zu rechnen sei. Dieser wolle sich vielmehr seinerseits für erlittene Verluste schadlos halten.

Der nächste Hansetag fand am 10. April 1412 in Lüneburg statt. Als Abgesandter Kenos nahm hieran sein Kaplan Almer teil. Diesem gelang es tatsächlich übereinzukommen, die gegenseitigen Forderungen miteinander zu verrechnen. Weiter wurde – zum wiederholten Male – festgelegt, Keno dürfe in Zukunft keine Vitalienbrüder bei sich dulden.

Offenbar befand sich Keno bezüglich der Hege der Vitalienbrüder aber in bester Gesellschaft, denn Almer übernahm es, auch auf Edo Wiemken einzuwirken, ebenfalls die Unterstützung der Vitalienbrüder aufzugeben und die hansischen Kaufleute nicht mehr zu schädigen. Sollte Edo sich uneinsichtig zeigen, müsste Keno zusammen mit den Hansestädten gegen ihn vorgehen. Zur Sicherheit wollten Hamburg und Bremen außerdem direkt auf Edo einwirken.

Während der nächsten Jahre blieb es nun ungewöhnlich ruhig auf der Nordsee vor den Küsten Ostfrieslands. Die Hanse brauchte jedenfalls nicht einzugreifen.

Ein Raubüberfall, der sich auf der Ems ereignete, hatte jedoch schwere Folgen: Einem Untertanen Eberhard Idzingas aus Norden, ein Bruder von Kenos Gemahlin Adda, waren dort Güter geraubt worden. Keno machte Hisko sowie Enno Edzardisna, Besitzer von Larrelt, für diese Tat verantwortlich. Die Ratsherren von Groningen, die als Schiedsrichter fungierten, stellten fest, dass die Täter aus Larrelt kämen und forderten von Hisko und Enno den Ausgleich des Schadens. Hisko aber dachte nicht daran, da er den Rat für parteiisch hielt. Diese Haltung führte bei Keno zu dem Entschluss, kurzfristig gegen den Emder vorzugehen. Er nahm die Stadt ein, und Hisko musste nach Groningen flüchten, wo er von seinen Freunden, den Schieringern, aufgenommen wurde.

Die Schieringer, so genannt wegen ihrer weißen (schieren, sauberen) Tracht, waren erbitterte Feinde der reichen Vetkoper, die ihrerseits einen Freund in Keno tom Brok hatten. Im Übrigen hatten die Schieringer es mit Keno verdorben, weil sie unter ihrem Anführer Koppe Jarges 1414 die Siele am rheiderländischen Emsufer zerstörten und dadurch seinen Besitz schädigten. Die Vetkoper waren aus Groningen vertrieben und von Keno aufgenommen worden.

Keno zog deshalb weiter in Richtung Groningen und nahm auch diese Stadt nach langen Kämpfen ein, ohne dass die um Hilfe gebetenen Hansestädte sich einschalteten. Die Vetkoper konnten schließlich zurückkehren.

Nun hatte Keno den Gipfel seiner Macht erreicht. Er hatte das unbestreitbare Übergewicht in Ostfriesland und war auf dem besten Wege zur Alleinherrschaft. Diese sollte ihm dann aber doch nicht vergönnt sein. Er besiegte 1417 zwar nochmals die Schieringer, die sich wieder gegen ihn gesammelt hatten, starb aber kurz danach eines für die Häuptlinge der damaligen Zeit ungewöhnlichen Todes – friedlich im Bett.

Keno folgte seinem alten Gegner Folkmar Allena, der kurz vorher ermordet wurde. Auch Edo Wiemken musste um diese Zeit sein Wirken für immer einstellen.

Nach dem Tode Kenos trat sein Sohn Ocko II. ein schweres Erbe an. Die in den letzten Jahren erkämpfte Machtstellung der tom Broks war keineswegs auf die Dauer gesichert. Da Ocko noch unmündig war, bedurfte er der Unterstützung durch Verwandte, Freunde und Ratgeber. Daran hat es allerdings nicht gemangelt, denn er erhielt sieben Vormünder.

Edo Wiemkens Nachfolger wurde sein Enkel Sibet Papinga. Hisko musste weiterhin in Groningen unterkommen. Hier verursachte der andauernde Streit zwischen den Schieringern und den Vetkopern Unruhe. Aber auch Hisko und die anderen vertriebenen Häuptlinge sorgten für Spannung.

Die Schieringer baten im November 1416 schließlich König Sigismund, der sich zu der Zeit in Nymwegen aufhielt, um Rechtsschutz und Beistand des Reiches. Dieser nahm die freien Friesen in seinen Schutz, erneuerte die alten friesischen Freiheiten und sicherte zu, ihre überkommenen Rechte und Besitzstände gegen Angreifer von außen und Rebellen im Innern zu wahren. Dabei gab er sich als Herr der Friesen, wohl in der Hoffnung, die königlichen Einkünfte aufbessern zu können. Er stellte sich gegen den Grafen von Holland und gegen die Vetkoper und somit gegen die tom Broks. Gegen Ocko, Sibet und Focko Ukena, einen der Vormünder Ockos, verhängte er sogar die Reichsacht. In der Begründung heißt es, Ocko und seine Helfer hätten des Königs Befehlen getrotzt und seine Gefolgsleute im Krieg bedrängt.

König Sigismund verhängte die Reichsacht gegen Ocko II. tom Brok, Sibet Papinga und Focko Ukena

Die Geächteten waren sich jedoch ihrer Macht bewusst und kümmerten sich nicht um eine solche Bestrafung durch den sonst so fernen König.

König Sigismund hielt es schließlich nochmals für nötig tätig zu werden, indem er die Hansestädte aufforderte, seinen Abgeordneten beizustehen, wenn jemand in Friesland sich gegen ihn auflehnen oder Seeräuber in seinem Gebiet aufnehmen sollte. Die Hanse begnügte sich allerdings vorerst damit, auf ihre alten Beschlüsse zu verweisen, wonach der Ankauf geraubten Gutes oder die Begünstigung der Seeräuber mit der Todesstrafe geahndet würde. Dennoch gingen die Räubereien weiter.

So kam es im Juni 1419 zu einem Seeraub durch Sibet Papinga. Er nahm den Bremern drei ihrer Schiffe weg, musste diese allerdings später wieder herausrücken. Sibet hatte demnach viele Eigenschaften seines Großvaters übernommen. Er offenbarte nicht nur das gleiche Machtstreben, sondern beherbergte auch wieder Vitalienbrüder, wobei er sich nicht scheute, selbst mit tätig zu werden.

Im Frühjahr 1422 mussten die Hansestädte noch einmal mit ihrer ganzen Macht eingreifen. Die Vitalienbrüder hatten ihre Raubzüge unter den Zwistigkeiten der Schieringer und Vetkoper relativ ungestört fortsetzen können. Die Schieringer gewährten einem größeren Haufen Schutz in Blockhäusern in Esumersiel und Dokkum. Dies musste insbesondere den Vetkopern unbehaglich sein. Sie forderten die Liekedeler auf, ihre Verschanzungen zu verlassen. Da dies nicht fruchtete, wandte Ocko tom Brok sich an die Hamburger und die übrigen Städte um Hilfe. Hamburg und Lübeck rüsteten daraufhin schnellstens Wehrschiffe aus und zogen mit zirka 1000 Kriegsleuten in Richtung Westfriesland. Wie aus einem Schreiben der beiden Städte vom 23. April 1422 hervorgeht, sollten die Schiffe zunächst nach Greetsiel fahren, offenbar, um hier durch Ockos Leute verstärkt zu werden.

In Esumersiel hatten sich 160 Seeräuber verschanzt. Die Festung wurde zunächst belagert. Dann rückten die Vetkoper unter Führung von Focko Ukena zusätzlich zur Unterstützung an. Das Blockhaus wurde gestürmt. Soweit sie nicht im Kampf erschlagen wurden, richtete man die Raubgesellen an Ort und Stelle mit dem Schwert hin. Über die Zahl der Hingerichteten gibt es keine eindeutigen Angaben. Es werden 44, 46, aber auch 150 genannt. Nachdem das Blockhaus abgebrannt worden war, ging es weiter nach Dokkum, wo sich 400 Vitalier aufhielten. Vom Schicksal ihrer Genossen in Esumersiel gewarnt, flüchteten sie aber noch rechtzeitig in Richtung See. Die Einwohner Dokkums ergaben sich widerstandslos. Um das versteckte Raubgut aufzutreiben, wurden sämtliche Häuser durchsucht. Die Gebäude, in denen man etwas fand, wurden einfach niedergerissen. Darüber hinaus brachte man die Einwohner, die mit Seeräubern Geschäfte gemacht hatten, nach Hamburg und Lübeck, wo sie so lange im Gefängnis schmachten mussten, bis sie gegen Zahlung eines Lösegeldes freigelassen wurden.

Anschließend wurden wiederum mehrere Verträge zur Verbannung und Vernichtung der Vitalienbrüder abgeschlossen. Ein solcher Vertrag wurde am Dienstag nach Pfingsten 1422 unter anderem von Focko Ukena und ein anderer von Vertretern von acht Kirchspielen aus dem Brookmerland vermittelt und bezeugt.

Die meisten aus Dokkum Geflüchteten hatten sich in die Südersee (IJsselmeer) zurückgezogen, insbesondere nach Enkhuizen, in der Hoffnung, bei den Nordholländern Schutz zu finden. Die Hanse sperrte daraufhin ihre Häfen für die Holländer und stellte den Handel mit ihnen ein. Diese Maßnahmen waren schnell erfolgreich, denn bereits 1423 gingen die Holländer auch ihrerseits gegen die Vitalienbrüder vor. Gemeinsam mit den Engländern wurden drei Raubschiffe angegriffen. Während eines der Piratenschiffe mit 40 Mann auf Grund segelte, wurde ein anderes überwältigt. Die 42 Mann Besatzung wurden nach Enkhuizen geführt und vollzählig unter dem Beil des Scharfrichters geköpft. Das dritte Schiff entkam zunächst, wurde dann aber in Preußen abgefangen, wo die dreißigköpfige Mannschaft ebenfalls hingerichtet wurde.

Die folgenden Jahre waren im ostfriesischen Raum mit Fehden der Häuptlinge untereinander, miteinander und gegeneinander ausgefüllt. Auch die angrenzenden Gebiete und ihre Herrscher waren einbezogen. Die Lage wurde übersichtlich, so dass darauf hier nicht näher eingegangen werden soll.

Ein Ereignis soll jedoch herausgehoben werden: Die Schlacht auf den „Wilden Äckern" südöstlich von Upgant bei Marienhafe. Hier kam es nach vorangegangenen Spannungen am 28. Oktober 1427 zu einem erbitterten Kampf zwischen Ocko II. und Focko Ukena von Neermoor, Ockos ehemaligem Vormund. Focko hatte seine Stellung vor allem im

südlichen Ostfriesland zielstrebig ausbauen können. Ockos Anhang dagegen war in letzter Zeit geschrumpft, und seine Truppen waren so geschwächt, dass er die vernichtende Niederlage nicht vermeiden konnte. Auch eine Abteilung Vitalienbrüder, die Ocko in seiner höchsten Not die Treue hielt, konnte das Blatt nicht mehr wenden. Hunderte von Ockos Getreuen bedeckten das Schlachtfeld. Seine Burg in Oldeborg wurde zerstört. Die Besitzungen, die sein Vater Keno erobert hatte, mussten zurückgegeben werden. Er selbst und sein Halbbruder Itze gerieten in Gefangenschaft.

Kurz nach Beendigung der Gefangenschaft verstarb Ocko im April 1435. Einen Nachfolger hat er nicht hinterlassen. Die Macht der tom Broks war erloschen.

Zur Erinnerung an die folgenschwere Schlacht hat die Gemeinde Upgant-Schott an der historischen Stätte am „Wilde-Äcker-Weg" ein Denkmal errichtet.

Gedenkstein zur Erinnerung an die Schlacht auf den „Wilden Äckern", an der auch Seeräuber teilnahmen

Hamburg sorgt für Ordnung

Expedition gegen Emden und die Sibetsburg

Nach der Niederlage Ocko tom Broks kehrte Hisko nach Emden zurück. Focko Ukena versuchte, seine erstrittene Position noch auszubauen, ging dabei aber so rücksichtslos und brutal vor, dass er den friesischen Freiheitssinn weckte. So konnte es nicht ausbleiben, dass sich die Stimmung des Volkes gegen ihn richtete. Diese Unzufriedenheit nutzte Enno Cirksena von Greetsiel, sich mit den kleinen Häuptlingen und verschiedenen Landesgemeinden gegen Focko zu verbinden: Am 10. November 1430 wurde in Loga der „Bund der Freiheit" geschlossen.

Wie kaum anders zu erwarten, folgte Focko dem bewährten Beispiel der früheren Häuptlinge. Er nahm Seeräuber auf. Auch Imel Abdena tat es seinem 1429 verstorbenen Vater Hisko gleich und machte Emden wieder zum Tummelplatz für die Liekedeler. Bei Sibet in Rüstringen fanden sie ohnehin immer ein offenes Haus.

Im Jahr 1432 war es wieder an der Zeit, einzuschreiten. Simon von Utrecht und seine Männer wurden „ad Frisiam" geschickt. Den Hamburgern gelang es, von Sibets Piraten 48 gefangen zu nehmen. 14 konnten allerdings aus dem Winserturm fliehen, die restlichen 34 wurden nach bewährter Methode enthauptet.

Im folgenden Jahr begann sich eine Wende abzuzeichnen. Die Städte nahmen sich wieder einmal ernsthaft vor, dem Seeräuberunwesen nun ein dauerhaftes Ende zu bereiten. Insbesondere Hamburg wurde ungeduldig. In einem Schreiben an Göttingen heißt es, die Ansammlung „muss vernichtet werden, damit nicht die ganze Welt darüber besorgt sein muss".

Hamburg stellte daraufhin die Besatzungen für 21 Schiffe, darunter drei größere, zusammen und sandte sie unter dem Oberbefehl von vier Ratsherren, unter ihnen Simon von Utrecht, nach Friesland. Sogar ein Arzt wurde vorsorglich mitgenommen. Die Bewaffnung reichte von Feuersteinen über Armbrüste bis zu Kanonen. Auch auf die Verpflegung wurde großer Wert gelegt. Neben Lebensmitteln, wie 44 Tonnen Butter, 1200 Stück Käse, 450 Seiten Speck, Rindfleisch und Bohnen, wurde vor allem Bier an Bord genommen. Das Bier war offenbar so wichtig, dass hierfür allein etwa die Hälfte der gesamten Verpflegungskosten aufgewendet wurde.

In Ostfriesland angekommen, vereinigte man sich mit den Truppen des friesischen Freiheitsbundes, die von Land aus operierten. Ziele waren Emden und die Sibetsburg. Nach dreiwöchiger Belagerung wurde zunächst Emden überwältigt. Imel sah sich am 20. Juli gezwungen, die Stadt und sein Schloss zu übergeben. Er selbst wurde als Gefangener nach Hamburg gebracht. Seine Stadt sollte er nicht wiedersehen. Er starb 1455 in Hamburg.

Wesentlich schwieriger war die Eroberung der Sibetsburg, denn Sibet bat seinen Schwager Udo Fockena von Norden, Focko Ukenas Sohn, um Hilfe. In Bargebur bei Norden kam es im Juli 1433 zwischen den Truppen der Brüder Edzard und Ulrich Cirksena sowie den Hamburgern einerseits und Sibet und Udo andererseits zum Kampf. Alleine die Hamburger setzten 300 Schützen ein. Dieser Übermacht konnten die verbündeten Häuptlinge nicht standhalten. Udo fiel auf dem Schlachtfeld. Sibet erlitt schwere Verwundungen und verstarb wenige Tage später.

Unabhängig davon belagerten die Hamburger die Sibetsburg weiter. Die Versorgung der Belagerer wurde durch Schiffe von Hamburg aus sichergestellt. Außerdem kam von anderen Städten Verstärkung.

Mitte September konnte die Burg endlich eingenommen werden. Die anderen Burgen Sibets folgten. Gegen die gefangenen Seeräuber erhoben die Sieger, außergewöhnlich genug, sogar förmlich Anklage. Die Urteile aber fielen auch hier nicht milder aus; die Angeklagten mussten mit ihrem Leben büßen. Wie aus den Kämmereirechnungen hervorgeht, wurden für die Anklage 26 Schilling aufgewandt. Der Scharfrichter erhielt 16 Pfund, während für das Eingraben der Hingerichteten drei Pfund bezahlt wurden.

Insgesamt kostete Hamburg diese Expedition nach Ostfriesland über 10 000 Pfund. Nach den Statuten der Hanse konnte Hamburg zumindest einen Teil dieser Aufwendungen von den anderen Hansestädten zurückfordern. Außerdem wurden zum Kostenausgleich Pfundgelder erhoben. Die Hauptlast musste aber von den vier Kirchenbezirken der Stadt getragen werden.

Zu der Zahl der gefallenen Gegner heißt es in einem Bericht Lübecks: „Von der Widerpartei blieben tot wohl bei 600 Mann, dazu zwei Hauptleute der bösen Partei." Die eigenen Verluste wurden auch hier nicht mitgeteilt.

Während der Aktivitäten der Hansestädter im Sommer 1433 kam es zu einer Randbegebenheit: Enno Cirksena beklagte sich bei den Bremern, dass trotz des von ihnen zugesicherten Geleits ein Schiffer namens Ede aus Greetsiel überfallen und geschädigt worden sei. Der Bremer Rat stellte dazu fest, der Schaden sei von Itze tom Brok, dem nichtehelichen Sohn Kenos, verursacht worden, der sich nach seiner Entlassung aus der Gefangenschaft in Osterstade niedergelassen hatte.

Bisher hatte die Hanse sich nach ihren Eingriffen schnell aus Ostfriesland zurückgezogen. Sie hatte aber anschließend immer erfahren müssen, dass die Seeräuber über kurz oder lang wieder von dem einen oder anderen Häuptling aufgenommen wurden. Hamburg beschloss deshalb, Emden weiter besetzt zu halten und die Verwaltung zu übernehmen. Ein Ratsherr wurde als Amtmann abgeordnet.

Ähnliche Pläne verfolgte Bremen mit der Sibetsburg, um seine Stellung im Gebiet der Jade zu verbessern. Hamburg bestand allerdings auf der Zerstörung der Burg. Die Bremer kamen dieser Forderung schließlich nach.

Die Cirksenas nahmen die Entwicklung hin, auch wenn die Besatzung Emdens unter den Friesen nicht unumstritten war. Aber trotz verschiedener Proteste, insbesondere des Bischofs von Münster und der Groninger, festigte Hamburg seine Stellung in Emden. Auch Focko Ukena war so geschwächt, dass er nichts unternehmen konnte.

In der Folgezeit befestigten die Besatzer Emden und bauten den Hafen aus. Langfristig wurde den Hamburgern die Besatzung und Verwaltung jedoch zu aufwändig und vor allem zu kostspielig. 1453 übertrugen sie die Stadt und die Burg deshalb auf die Cirksenas.

Mit der letzten Gewaltaktion der Hanse und der Besetzung Emdens fand das räuberische Handwerk der Vitalienbrüder ein Ende. Zwar traten auch in der Folgezeit einzelne Raubgruppen in der Nordsee in Erscheinung, doch fehlte ihnen die „Großartigkeit", das Abenteuerliche und vor allem das Volkstümliche, das Störtebeker und den Vitalienbrüdern zu ihrer späteren Berühmtheit und Unsterblichkeit verhalf. Wie stark die Räubereien der Vitalienbrüder nachwirkten, wird bereits 1448 erkennbar: Das Hansekontor in Brügge berichtet den in Lübeck versammelten Ratsvertretern der Hansestädte von Maßnahmen, die gegen Seeräuber eingeleitet worden seien, und verweist dabei auf frühere Räubereien der Vitalienbrüder, die „Widzel tom Brok in Friesland zu Marienhafe bei sich hatte". – Die Überlieferungen und damit die Sagenbildungen hatten schon begonnen.

Der berühmte Becher (Störtebeker-Pokal) im Museum für Hamburgische Geschichte

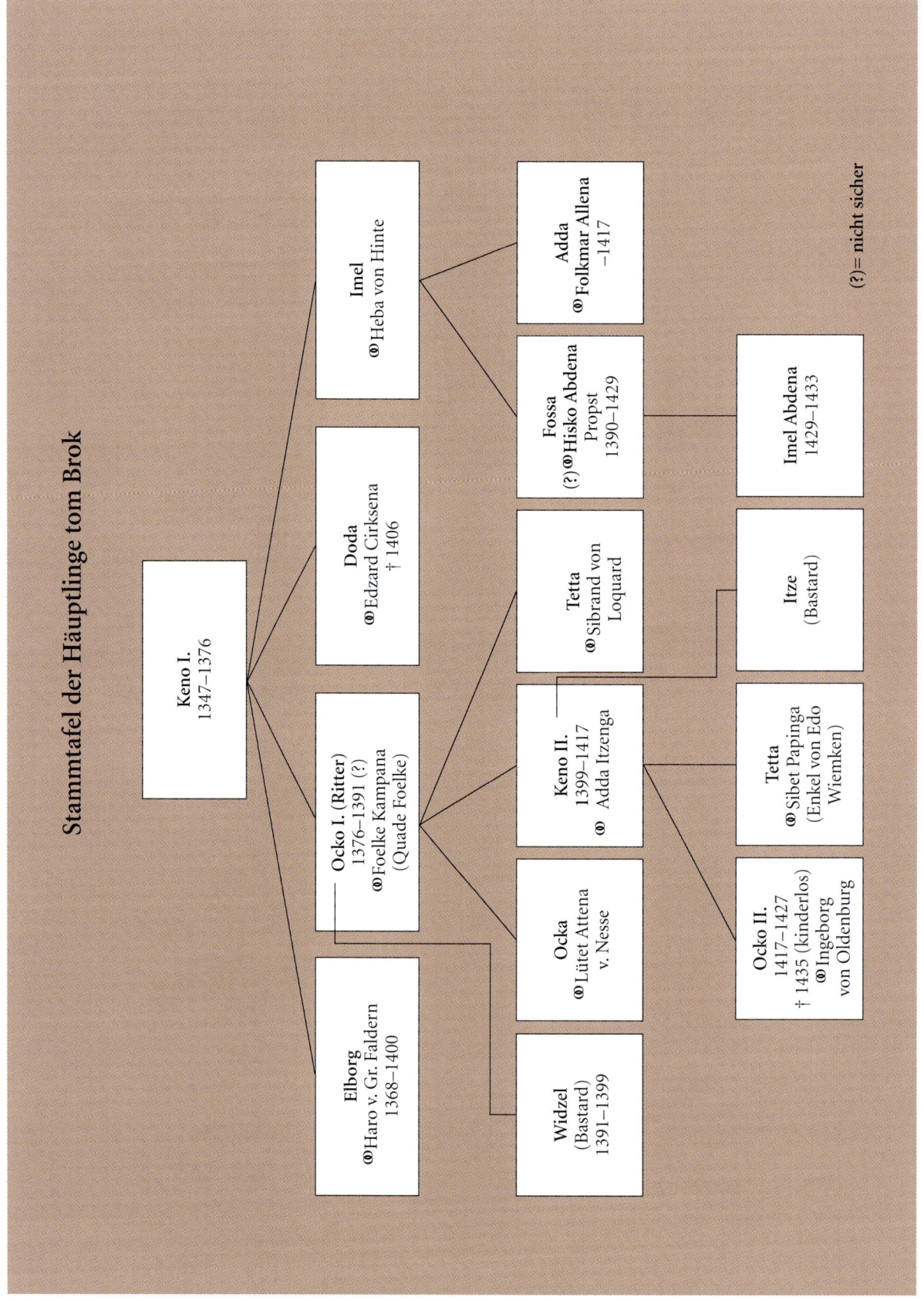

Stammtafel der Häuptlinge tom Brok

Keno I.
1347–1376

Imel
⚭ Heba von Hinte

Doda
⚭ Edzard Cirksena
† 1406

Ocko I. (Ritter)
1376–1391 (?)
⚭ Foelke Kampana
(Quade Foelke)

Elborg
⚭ Haro v. Gr. Faldern
1368–1400

Adda
⚭ Folkmar Allena
–1417

Fossa
(?) ⚭ Hisko Abdena
Propst
1390–1429

Tetta
⚭ Sibrand von
Loquard

Keno II.
1399–1417
⚭ Adda Itzenga

Ocka
⚭ Lütet Attena
v. Nesse

Widzel
(Bastard)
1391–1399

Imel Abdena
1429–1433

Itze
(Bastard)

Tetta
⚭ Sibet Papinga
(Enkel von Edo
Wiemken)

Ocko II.
1417–1427
† 1435 (kinderlos)
⚭ Ingeborg
von Oldenburg

(?) = nicht sicher

Die Osterburg in Groothusen, deren ältester Teil aus dem 15. Jahrhundert stammt. Der Geschichte nach musste Folkmar Allena seine Burg in Groothusen der Hanse zur Zerstörung ausliefern

Der Sage nach bewohnte Störtebeker mit seiner Frau die „Burg Upgant". Die ältesten Teile des Vorderhauses sind dem 15. Jahrhundert zuzuordnen, so dass das Steinhaus für Störtebeker eine sichere Zuflucht gewesen sein könnte

Störtebeker – Dichtung und Wahrheit

Der späte Ruhm eines Seeräubers

Die erwähnten „Hanserecesse" und Kämmereirechnungen, die Urkunden, Verträge, Briefe und sonstigen Unterlagen, die die Geschichte der Vitalienbrüder und des Seeraubs in der Hansezeit heute einigermaßen deutlich werden lassen, weil sie in Archiven aufbewahrt und größtenteils auch veröffentlicht wurden, standen der Allgemeinheit früher nicht zur Verfügung. Auch den damaligen Chronisten fehlten in mancher Hinsicht umfassende Hintergrundinformationen. Die Schriftstücke wurden mühsam mit der Feder verfasst und das Papier war teuer. Vervielfältigungsmöglichkeiten gab es nicht. Abschriften bargen die Gefahr, dass sich Fehler und Ungenauigkeiten einschleichen konnten. Hinzu kam, dass Chroniken häufig lateinisch abgefasst wurden, so dass sie praktisch nur von Gelehrten gelesen und ausgewertet werden konnten. Andererseits gingen viele Unterlagen im Laufe der Zeit unwiederbringlich verloren, wie zum Beispiel durch den Brand vom Mai 1842, dem das Hamburger Archiv zum Opfer fiel.

Wenn auch über die Geschichte der Vitalienbrüder heute noch vielfältige Quellen zur Verfügung stehen, kann dies bezüglich ihrer Anführer Störtebeker und Gödeke Michel nicht unbedingt gesagt werden. Die geschichtlich fundierten, einigermaßen zuverlässigen Überlieferungen sind insgesamt gesehen eher dürftig. Dies ist aber wiederum eine Erklärung dafür, dass die Volkssagen um so vielfältiger und ausdauernder ranken konnten. Insbesondere gilt das für Störtebeker, der Gödeke Michel weit in den Schatten stellt, obwohl dieser als der bedeutendere Piratenführer angesehen werden muss.

Störtebeker ist seit Jahrhunderten als Symbolfigur für Tapferkeit, Unerschrockenheit, Edelmut, ja sogar für Mildtätigkeit und Gerechtigkeit in aller Munde. Er ist schlichtweg ein Held. Es findet sich wohl kaum eine andere historische Gestalt, die so sagenumwoben ist wie Störtebeker und die in so vielfältiger Weise in der Literatur dargestellt wurde.

Theaterstücke, Dramen und Opern wurden über ihn geschrieben und aufgeführt, er ist die Hauptfigur in Romanen und Novellen, der Held in Gedichten, Erzählungen und Abenteuergeschichten. Seine Raubzüge boten Anlass zu wissenschaftlichen Auseinandersetzungen und zu Doktorarbeiten. Hörspiele, Schlager und Fernsehsendungen brachten ihn in die Wohnstuben. Als mittelalterlicher „Liekedeler" musste er sogar sozialistische Vorbildfunktionen übernehmen.

Die Störtebeker-Sagen erstrecken sich gebietsmäßig über ganz Norddeutschland, von Ostfriesland über Oldenburg, Hamburg und Schleswig-Holstein bis nach Mecklenburg und Pommern. Inhaltlich umfassen sie die gesamte Vita des Seehelden von der Geburt bis zu seinem unrühmlichen Ende. Es gibt unzählige Varianten über seine Herkunft und sein Aussehen, seinen Werdegang als Seeräuber und seine Beutezüge, seine Schlupfwinkel und verborgenen Schätze. Sie überliefern aber auch die volkstümlichen Vorstellungen von seinem heldenhaften Mut und seiner Trinkfestigkeit, seinen Gefährten, seinem Liebesleben, seiner Gefangennahme und letztlich seiner Hinrichtung.

Viele Sagen ähneln einander, viele werden mit kleinen Abweichungen in verschiedenen Landstrichen erzählt, manche können auch mit anderen Personen in Verbindung gebracht werden, alle haben aber dazu beigetragen, dass der Seeräuber Störtebeker zu einer heldenhaften Berühmtheit gelangte, die ihresgleichen sucht.

Es kann nicht Aufgabe dieser Darstellung über Störtebeker und die Vitalienbrüder sein, im Einzelnen auf die vielen Sagen und sagenhaften Erzählungen einzugehen. Einige typische Volksüberlieferungen sollen jedoch kurz wiedergegeben werden.

Die Sagenbildung setzt in der Regel dort ein, wo Geschehnisse nicht oder nicht sehr konkret in schriftlicher Form überliefert wurden. Dies trifft auch für den Aufenthalt der mittelalterlichen Seeräuber im ostfriesischen Bereich zu. Ohne Zweifel war zum Beispiel Marienhafe einer der vielen Unterschlupfhäfen der Liekedeler, die unter anderem von den tom Broks gehegt wurden. Darüber gibt es genügend urkundliches Material. Die Überlieferung aber, dass Störtebeker hier mit seiner Flotte einlief, auf Burgen des Brookmerlandes und im Turm der Kirche von Marienhafe Unterkunft und Schutz fand und hier wohltätig wirkte, bleibt hauptsächlich der Sage vorbehalten.

Dabei ist bemerkenswert, dass sich die Sagenbildung sehr auf den Störtebekerturm konzentriert. Dieses Wahrzeichen trägt heute maßgeblich dazu bei, die bewegte Zeit um 1400 und ihre geschichtlichen Hintergründe immer wieder in Erinnerung zu rufen. Viele dieser Überlieferungen wurden von dem Norder Friedrich Sundermann teils aus der Historie, vor allem aber aus dem Volksmund zusammengetragen.

In Ostfriesland war Marienhafe Störtebekers Standquartier. Im Turm der gewaltigen Kirche, dessen erstes Obergeschoss noch heute den Namen „Störtebekerkammer" trägt, befand sich die stark befestigte Wohnung des Seekönigs, der hierher ganze Flotten voller Beute schleppte, so dass es weit und breit im Lande umher großen Überfluss an Geld und Gut gab. Den Domhof ließ er mit einer kolossalen Mauer umsichern, in der vier bronzene Tore waren. Auch ließ er einen Kanal bis an die Kirche graben, um zu Schiff dahin gelangen zu können. Damit der Turm den einlaufenden Schiffen als Bake dienen konnte, hatten die Seeräuber ihn bedeutend erhöhen lassen. Aus gleicher Absicht ließen sie auch die Kirche an einer Seite mit Kupfer, an der anderen Seite mit Schiefer bedecken. Fuhren sie nun von Marienhafe aus auf dem heute noch den Namen „Störtebekertief" führenden Wasserlauf dem Meere zu, so konnten sie das Kirchendach nicht mehr sehen, denn der Turm davor verdeckte es. Waren sie aber erst auf dem Watt und lenkten nach Norden, so sahen sie die mit Kupfer gedeckte Kirchendachseite und nannten die Stelle, wo sie sich befanden, „Kopersand"; steuerten sie aber südlich, so bekamen sie die mit Ley (Schiefer) bedeckte Seite in Sicht und erkannten daran, dass sie auf dem „Leysand" waren. Das war alles sehr klug ausgedacht, denn wenn sie nun bei Rückkehr vom Meere mit Beute beladen einlaufen wollten und auf diese Merkzeichen achteten, so musste ihnen die schwierige Einfahrt gelingen. Auf halbem Wege lag dann ein anderer Schlupfwinkel, genannt der „Wykhof", wo in den gewölbten Kellern große Schätze versteckt lagen. Als das alte Haus vor Jahren erneuert wurde, soll der Besitzer große Töpfe voller Gold gefunden haben.

Nach einer anderen Sage hat Störtebeker seine Schätze in den Woldedünen auf Borkum versteckt, allerdings sind sie bis heute nicht gefunden worden. Auf der Insel wurde folgender Reim verbreitet:

Indien (wenn) de Woldedünen kunnen spreken, soll het Borkum noit an Geld gebreken.

Über ein weiteres Versteck wird wie folgt berichtet:

Auch auf der Insel Wangerooge hat der alte Seeräuber große Reichtümer versteckt gehabt. Der große Westturm war sein Schlupfwinkel. Oft saß er hier oben im Topp im Hahnebalken und blickte über die See, ob da nicht ein Schiff mit guter Fracht zu fangen sein würde. Augen hatte er so scharf, dass er bis England und Jütland sehen konnte. Der Schlüssel zum Westturm war so groß und schwer, dass zwei Mann daran zu tragen hatten. Störtebeker aber hatte ihn stets bei sich in der Tasche. Daran kann man wissen, wie stark er gewesen ist.

Die Verbindung des Häuptlingsgeschlechts der tom Broks zu Störtebeker sollen folgende Erzählungen verdeutlichen:

Störtebeker war mit der Tochter des mächtigen Häuptlings Keno tom Brok verheiratet. Er wohnte mit ihr auf der Burg zu Upgant, die später in den Besitz der Familie von Hane und dann der Familie von Briesen

Die Pantoffeln, die Störtebeker auf der Burg Upgant hinterlassen haben soll (Landesmuseum Emden)

überging. Hier wurde ihm auch ein Sohn geboren, der sich, als er erwachsen war, in der Gegend niederließ. Als Störtebeker nun bei seinem letzten Raubzug von den Hamburgern erwischt wurde, blieben sein mit silbernen Rosetten besticktes Hemd, sein leinener Kissenüberzug mit ähnlicher Stickerei und seine golddurchwirkten Pantoffeln aus rotem Samt mit ledernen Sohlen auf der Burg zurück. Lange Zeit haben die Familien, die nach Störtebeker auf der Burg wohnten, die Sachen sorgfältig aufbewahrt. Im Jahre 1864 schenkte die Witwe van Senden sie der Gesellschaft für Kunst und Altertümer in Emden.

Der „Nachlass" wurde im Zweiten Weltkrieg ausgelagert. Dabei ging ein Teil verloren. Im Ostfriesischen Landesmuseum können heute nur noch die angeblichen Pantoffeln Störtebekers gezeigt werden. Aufgrund neuerer Untersuchungen kann davon ausgegangen werden, dass die Pantoffeln aus der Zeit um 1700 stammen, also nicht von Störtebeker getragen wurden.

Als Schwiegersohn des Häuptlings Keno tom Brok wohnte Störtebeker der Verhandlung bei, die die hanseatischen Abgesandten mit diesem Beschützer der Kaperei führten und worin sie ihm mit Bedrohung des Krieges die Teilnahme an den Raubzügen zu verleiden suchten. Man befand sich auf der Oldeborg, dem tom Brokschen Stammsitz. Keno versprach, sich dem Willen der Städte zu fügen und drückte zur Bekräftigung mit seinem Schwertknauf das Siegel unter das vereinbarte Dokument. Nach dem Abzug der Hansen fuhr Störtebeker seinen Schwiegervater wütend an und stellte ihn zur Rede. Dieser beschwichtigte ihn jedoch mit der Versicherung, er werde sein Gelöbnis keinesfalls erfüllen. In ihrem lauten Gespräch hatten sie die Tritte eines Abgesandten überhört, der zurückkam, um seine vergessenen Handschuhe zu holen. Dieser lauschte dem Wortwechsel und erfuhr so von dem Treuebruch Kenos. Störtebeker musste nun die Flucht ergreifen und fortan wie ein gehetztes Wild leben, bis sein Ende nahte.

Obwohl Störtebeker – der Sage nach – mit der Tochter Keno tom Broks verheiratet war, nahm er sich manche Freiheit heraus, wie folgende Überlieferung zeigt:

Zu Marienhafe in der Störtebekerkammer geht um die Mitternachtsstunden ein Geist um, der seinen blutigen Kopf unter dem Arm trägt. Das ist Störtebeker, der im Grabe nicht ruhen kann, da er geköpft und in ungeweihter Erde eingescharrt wurde. Ein Fluch, der so lange währt, bis er davon losgesprochen ist, treibt ihn

durch die Nacht. Der liebeslüsterne Seeräuber hatte nämlich ein schönes Fräulein aus vornehmem Stande ausersehen, ihm zu dienen. Als die Schöne aber seine Anträge entrüstet abwies, weil sie bereits mit einem jungen Ritter verlobt war, brauchte der Räuberhauptmann Gewalt und entführte sie. Im Marienhafer Turmgewölbe glaubte er, sie zwingen zu können, ihm zu Willen zu sein. Hier war keine Hilfe, kein Entrinnen möglich. Dennoch weigerte sich die Bedrängte, ihm anzugehören und zog den Tod der Schande vor, indem sie aus dem Fenster des Gemachs in die sie verschlingende Flut stürzte.

In einer anderen Fassung wird ausführlicher mitgeteilt, wo die Schöne herkam:

Der Korsarenführer sah das Mädchen auf einer Burg an der Weser in der Nähe seines Ankerplatzes und umwarb es unter der Maske des Kapitäns eines größeren Hamburger Kauffahrteischiffes. Da das Mädchen in einen jungen Ritter verliebt war, ließ der verschmähte Korsar diesen kurzerhand bei Mondlicht im Burggarten ermorden. Das Fräulein wurde an Bord seines Raubschiffes, das „Roter Teufel" hieß, geführt und in den Turm zu Marienhafe gebracht. Hier entrang es sich seinen Armen und sprang in den Tod. Weil das Verbrechen des Seeräubers ungesühnt blieb, hat sein Geist im Grabe keine Ruhe und muss bis zum Jüngsten Gericht als Gespenst umherirren. Sobald die Glocke mit dumpfen Schlägen Mitternacht verkündet, hört man deshalb im Inneren des Turmes furchtbaren Höllenlärm.

Einen Höllenlärm wird Störtebeker auch verursacht haben, wenn er seine Feinde, sofern sie bis in den Turm vorgedrungen waren, in die Flucht schlug. Die Turmwärter wissen seit langer Zeit zu erzählen, dass er oben dicke Steinkugeln bereitlegte und sie seinen Verfolgern die Wendeltreppe hinunter entgegenrollte. Ein Ausweichen war kaum möglich, da die Treppe nur gut mannsbreit ist. – Einige solcher Steinkugeln liegen noch heute vor dem Eingang zum Turm.

Zu Störtebekers Namen und zu seiner Trinkfestigkeit wird folgende Sage überliefert:

Der Störtebeker trug seinen Namen von einem großen ellenhohen Becher, den er in einem Zuge zu leeren vermochte. Machte er nun Gefangene, so mussten sie, wenn sie nicht über Bord geworfen werden wollten, entweder ein hohes Lösegeld zahlen oder den großen Becher in einem Zuge leeren. Diese Probe hat aber nur ein Junker aus Groningen bestanden. Ihm zu Ehren trug der Becher die plattdeutsche Inschrift:

„Ick Jonker Sissinga van Groninga
Dronk dees Heusa in een Fleusa
Dor myn Kraga in myn Maga."

Dieser „Störtebecher" ist bis heute nicht aufgefunden. Mit dem „Störtebeker-Pokal" im Museum für Hamburgische Geschichte ist er nicht identisch.

Störtebekers Gefangennahme wird in der Sage, von der es ebenfalls mehrere Varianten gibt, wie folgt geschildert:

Nachdem die Seeräuber im Nebel vor Anker gegangen waren, schlich sich ein Blankeneser Ewermann hinter das Admiralschiff und goss die Ösen, in denen sich das Steuer dreht, mit geschmolzenem Blei fest. Wie nun der Störtebeker die Feinde nahen sieht, will er fliehen. Er merkt aber bald, wodurch das Steuerruder blockiert wird, und kocht eiligst einen Topf von Öl, um damit das Blei wieder zu schmelzen. Dabei rücken die Hamburger aber immer näher, und er muss den Kampf annehmen, der volle drei Tage dauert, ehe die Seeräuber überwunden sind.

Die Überwältigung der Seeräuber, die hier drei Tage dauert, wird in einer anderen Fassung so geschildert:

... Ein Schiff der Hamburger, die „Bunte Kuh", braust mit seinen starken Hörnern auf das Schiff zu, auf dem sich Störtebeker befindet. Dieser will dem Stoße ausweichen, aber nun zeigt es sich, dass sich das Steuer nicht betätigen lässt. Das Schiff wird geentert, und auch die Übrigen werden in den Grund gebohrt ...

Zum unrühmlichen Ende Störtebekers sei folgende Überlieferung erwähnt:

Als nun bald danach die Hinrichtung stattfinden sollte, hat Störtebeker bedauert, dass alle seine Kameraden seinetwegen ihr Haupt auf den Block legen sollten. Er bat deshalb, ihn zuerst zu köpfen und alle seine Gesellen, an denen er ohne Kopf noch vorbeilaufen würde, am Leben zu lassen. Diese Bitte wurde ihm auch gewährt. Als ihm nun der Kopf heruntergeputzt wurde, richtete er sich tatsächlich auf und lief an elf seiner Landsleute vorbei.

Nach einer Hamburger Fassung ist Störtebeker bis an den fünften Mann gekommen. Danach aber warf der Henker ihm einen Klotz vor die Füße, so dass er strauchelte und nicht wieder aufstehen konnte.

Und nun noch eine letzte Überlieferung zum Abschluss:

Als der Scharfrichter namens Rosenfeld nach der entsetzlichen Arbeit, bei der er zuletzt bis zu den Enkeln (Knöcheln) im Blute stand, von einem Ratsmann ge-

Ob diese Steinkugeln als Kanonenkugeln oder für sonstige Zwecke verwendet wurden, ist ebenso ungewiss wie die Verteidigungstaktik Störtebekers. Sie könnten aber aus der Zeit stammen, als der Ort mit einer Mauer befestigt war

fragt wurde, ob er müde sei, verneinte er dies. Er könne wohl noch den ganzen Rat abhauen (köpfen). Daraufhin wurde der Übermütige von dem jüngsten Ratsmann auf Befehl des so ungebührlich beschiedenen Rates selbst enthauptet.

Vergleicht man die Sagen mit dem, was durch Dokumente belegt und was als einigermaßen realistisch anzusehen ist, so ist festzustellen, dass längst nicht alles für bare Münze genommen werden kann, aber doch Wahrheitskerne, wenn auch manchmal verpackt, darin zu finden sind. Als Basis der Sagen haben sicherlich in vielen Fällen die alten Chroniken, so weit sie denn zugänglich waren, gedient. Die Ereignisse sind dann später aber immer mehr ausgeschmückt worden.

In der Geschichtsschreibung klingt dagegen alles noch etwas nüchterner. So schreibt der Chronist Eggerik Beninga um 1530 in der „Cronica der Fresen" unter anderem:

In den alten friesischen Chroniken wird weiter der Seeräuber gedacht und gemeldet, dass zur Zeit des Keno tom Broke auch Störtebeker und Gödeke Michel untergekommen waren und dass dieselben Marienhafe von ihrer Räuberei befestigten, den großen Turm der Kirche (auf)bauen ließen und vier schöne gewölbte Tore mit einer hohen Mauer mit Ringen zum Befestigen ihrer Schiffe errichteten und so die Seefahrer schädigten, bevor sie durch die Hamburger gefangengenommen wurden.

Zum Jahr 1459 bemerkt Beninga dann später, dass der Turm zu Marienhafe „in de hoege upgetimmert" wurde und erinnert daran, dass Störtebeker und Gödeke Michel etliche Tausende zu der Kirche, zum Turm sowie zu den Pforten mit der Mauer gegeben hätten, damit sie ihre Schiffe mit Ketten an der Mauer befestigen konnten. Das Geld hätten sie mit Seeraub erobert. Ubbo Emmius schreibt 1598 in seiner „Friesischen Geschichte":

Die Führer der Seeräuber, die aus der Ostsee vertrieben wurden, hatten ihre Quartiere in Ostfriesland eingerichtet, und nun durchstreiften sie weit und breit die Meere. Unter ihnen waren Wichmann, Wigbold, Godeke Michels und vor allem der bei der Nachwelt berühmte Klaus Störtebeker.

Sie machten mit mehreren bewaffneten Schiffen die Küsten und Häfen Deutschlands, Frankreichs, Spaniens, Englands, Norwegens und Dänemarks unsicher. Ihre Beute teilten sie untereinander zu gleichen Teilen.

Weiter führt er aus, es gehe das von den Vorfahren von Mund zu Mund weitergegebene Gerücht, dass Foelke und später ihr Sohn Keno, der mit seinem Reichtum und seiner Macht ein starker Mann gewesen sei, die Seeräuber für sich gewonnen hätten. Diese hätten zwar die Häfen an der Ems benutzt, würden jedoch am liebsten mit ihren Schiffen nach Marienhafe hinaufgefahren sein. Hier hätten sie ihr Winterquartier gehabt und gastliche Aufnahme gefunden. Von ihrer Beute hätten sie die sehenswerte Kirche noch viel prächtiger als sie früher gewesen sei ausgestattet, den Turm erhöht und die Mauern mit den Toren, die sie als Festung benutzt hätten, gebaut. Den besten Teil ihrer Beute hätten sie Gott geweiht, um dessen Zorn abzuwenden.

Vieles, was in der Sage überliefert wurde, findet sich auch in einem 26 Strophen umfassenden Lied über Störtebeker und Gödeke Michel. Es wird einige Zeit nach der Hinrichtung der beiden entstanden sein. Der Liedertext wurde bereits um 1550 auf fliegenden Blättern verbreitet und ist seitdem in vielen deutschen Liederbüchern mit kleinen Abwandlungen immer wieder gedruckt worden, allerdings jeweils in hochdeutschem Wortlaut. Die Melodie, nach der verschiedene Lieder des 16. Jahrhunderts gesungen wurden, ist im handschriftlichen Liederbuch von Petrus Fabricius (um 1603) überliefert.

Ursprünglich wurde das Lied niederdeutsch gesungen. Dies kann u. a. aus einigen Entstellungen in der hochdeutschen Fassung geschlossen werden. Von dem niederdeutschen Text ist leider jedoch nur die erste Strophe vollständig erhalten, und zwar in „Apologia, dass ist, Wahrhaffte Verantwortung des Ostfriesischen Bauern Dantzes ..." aus dem Jahre 1609:

Störtebeker und Gödeke Micheel
De roveden beide tho gliken deel
Tho water und tho lande
So lange dat idt Gott vom Hemmel verdroth,
Do mosten se liden grote schande.

Dass der niederdeutsche Text im Gegensatz zum hochdeutschen in Vergessenheit geriet, ist wohl auf die fehlende schriftliche Überlieferung zurückzuführen. 1884 ist das Lied dann von W. Lüpkes aus Esens ins Plattdeutsche übersetzt worden.

Es kann angenommen werden, dass das Lied viel zur Sagenbildung beigetragen hat. Zumindest hat es aber – wie die Sagen – die Erinnerung an Störtebeker aufrechterhalten.

Das Lied von Störtebecker und Jödge Michael.

1.

Störtebecker und Gödche Michael/ die raubten
beyd auf gleicher Theil/ zu Wasser vnd nicht zu
Lande/biß daß es GOtt im Himml verdroß/des mustn
sie leiden groß Schande.

2. Sie zogen für dem Heydnschn Soldan/die Hey-
den woltn ein Wirtschafft han/ sein Tochtr wolt er
berathen/ sie rissn vnd splissn wie wilde Thier/ Hambürgr Bier truncken sie gerne.

3. Störtzbecker der sprach allzuhand/ die West-
See ist uns wol bekant/darauf wolln wir uns wagen/
die reichen Kauffleut von Hamburg/ die sollen das
Glach bezahlen.

4. Sie lieffen Ostwerts langest weg/ Hamburg/
Hamburg thu nun deinn Fleiß an uns kanstu nichts
gewinnen/ was wir auch werden bey dir thun/ das
wolln wir bald beginnen.

5. Das hörte da ein schneller Bot/ der war von so
gar klugem Raht/ er kam gen Hamburg glauffen/ er
fragt nach des Bürgermeisters Hauß/ den Rath fand
er zu hauffen.

6. Mein lieben Herren all durch GOtt/nehmt diese Red nicht für ein Spott/die ich euch jetzt wil sagen/
die Feinde liegn euch nah hierbey/ sie liegn an wilder Aue.

7. Die Feinde liegn euch für der Thür/ des habt
ihr Herren zweyr kühr/ sie liegn dar an dem Sande/
lasst ihr sie wiedr von hinnen ziehn/ des habt ihr
grosse Schande.

8. Der ältst Bürgrmeister sprach allzuhand/ gutt
Gsell du bist uns unbekant/ wobey solln wir dir
gläuben/ das solit ihr edlen Herren thun/ bey meinem
theuren Eyde.

9. Ihr solt mich setzn auffs Vorkasteel/ so lang
ihr euer Feinde seht/ allzu derselben Stunde/ spührt
ihr denn einen Wanckl an mich/ so senckt mich gar zu
Grunde.

10. Die Herrn von Hamburg zogen aus/ sie gingn
zu Segel mit der Fluth/ all nach dem neuen Wer-
cke/vor Nebel kontn sie sehen nicht/so finster warn die
Schwercke.

11. Die Schwerck brachn auff die Wolckn wur-
ón klar/ die Hambürger zogn gantz offenbahr/grossn
Preiß woltn sie erwerben/ Störtzbecker und Gödche Michael/die mustn beyd darum sterben.

12. Sie hattn ein Holch mit Wein gnommen/
damit warn sie über die Wäsr kommen/ dem Kauffmann da zu leide/ sie woltn damit in Flandern seyn/
mustn abr noch davon scheiden.

13. Hört auf ihr Gselln und trinckt nicht mehr/
dort lauffn drey Schiff in jener See/ uns grawt vor
Hambürgr Knechten/ kommn uns die Hambürgr
an die Bort/ mit ihnen müssn wir fechten.

14 Sie brachtn die Büchsen an die Bort/ zu allen Schüssen giengn sie fort/ da hört man die Büchsn
klingen/ und sah auch so manchen jungen Held sein
Leben zum Ende bringen

15. Sie schlugn sich drey Tag und drey Nacht/
Hamburg dir war ein böss bedacht/ all zu denselben
Stunden/ was lange zu vor ist gesagt/das kömmt uns
nun zu funden.

16. Die bunte Kuh aus Flandern kam/ so bald sie
das Gerücht vernahm/ mit ihren stählern Hörnern/
sie ging brausnd durch die wilde See/den Holch wolt
sie verstören.

17. Der Schiffr wol zu dem Steurmann sprach:
treib uns das Rudr zum Steurbort an/ so bleibt der
Holch beym Winde/ wir lauffn sein Vorkasteel ent-
zwey/das soll er bald befinden.

18. Sie lieffn sein Vorkasteel entzwey/traun sprach
der Gödche Michael/die Zeit ist nun gekommen/daß
wir müssn fechtn für unsern Leib/ es mag uns schadn
odr frommen.

19.Störtzbecker sprach sich alsobald/ihr Hambrgr
thut uns kein Gewalt/ wir wolln das Gut auffge-
ben/wolt ihr nur schonen unsern Leib und fristn unser
junges Leben.

20. Traun sprach Herr Simon von Utrecht/ gebt
euch gefangn all auff ein Recht/ und lasst euch nicht
verdriessen/ habt ihr'm Kauffmann kein Leid gethan/
das mögt ihri un geniessen.

21. So bald sie auff die Elbe kamn/nicht viel gutes
sie da vernahmn/sie sahn die Kopffe stecken/ ihr Herrn
das sind unsr Mittgeselln/so sprach der Störtzebecker.

22. Sie wurdn zu Hamburg in Hafft bracht/ sie
sassn nicht längr denn eine Nacht/ all zu derselben
Stunde/ihr Tod ward also sehr beklagt/ von Frauen
und Jungfrauen.

23. Ihr Hambürgr wir bittn eine Bitt/ die wollt
ihr uns abschlagen nicht/und kan euch nicht groß scha-
den/ daß wir den Trauerberg auffgahn/ in unserm
bestn Gewade.

24. Die Hambürger thaten ihnn die Ehr/liessn gehen Trommln und Pfeiffn vorher/ sie hättn das liebr
entporen/ wärn sie wiedr in die Heydnschafft gwest/sie
hättns wol andrs erkohren.

25. Der Hencker hieß sich Rosenfeld/ er hieb so
manchen stolzen Held/so gar aus frischem Muthe/er
stund in seinn geschnürten Schuen/ biß an die Enckl
im Blute.

26. Hamburg/des geb ich dir den Preiß/ die See-
räubr war dir nicht zu weiß/ um deinnt willn mustn sie
sterbn/des magst von Gold ein Kron tragn/den Preiß
hastu erworben.

─═╬):(o):(╬═─

Das Lied von Störtebecker und Jödge Michael.
(Einblattdruck. Ende des 18. Jahrhunderts.)

Ein Gesicht macht Geschichte

Störtebekers Bedeutung für die Gegenwart

Beim Besuch des Kirchenmuseums im Störtebekerturm von Marienhafe fällt der Blick vom Eingang der „Störtebekerkammer" aus auf ein Ölgemälde, das einen grimmig-verwegen dreinblickenden Gesellen mit goldenem Halsband und Ohrring vor dem Hintergrund des weiten Meeres zeigt. Das Bild ist neueren Datums, so dass wohl kaum jemand auf den Gedanken käme, Störtebeker hätte persönlich als Modell hergehalten.

Wie unschwer zu erkennen ist, gleicht das Gemälde einer weit verbreiteten Radierung mit der Überschrift „Claus Stürtz den Becher". Demnach wäre alles klar: Der berühmte Seeräuber Störtebeker hat nach etwa 600 Jahren in der seinen Namen tragenden Kammer im Turm der Kirche zu Marienhafe wieder einen Platz gefunden, wenn auch nur als eindrucksvolles Bildnis. Ganz so einfach ist die Sache allerdings nicht! Deshalb soll hier etwas näher untersucht werden, wie es sich mit dem Störtebekerbild verhält.

Die vorgenannte Radierung wurde von Daniel Hopfer gefertigt, einem von etwa 1500 bis 1536 als Radierer und Kupferstecher in Augsburg arbeitenden Künstler, von dessen Techniken sogar Albrecht Dürer profitierte. Hopfers zeichnerisches Können ließ jedoch zu wünschen übrig, so dass er bei seinen Arbeiten vielfach auf Vorlagen zurückgriff. Solche Vorlagen wird er auch für das Porträt benutzt haben. In Frage kommen eine Silberstiftzeichnung von Hans Holbein d. Ä. (vor 1516), ein Buchsbaumholz-Modell von Hans Schwarz (vor 1519) und insbesondere ein Holzschnitt von Hans Burgkmair, der Einzelheiten einer triumphalen Prozession zu Ehren des Kaisers Maximilian I. zeigt. Diese Bildnisse stellen zweifelsohne den Hofnarren des Kaisers, Cunz von der Rosen, dar. Dieser lebte von zirka 1450 bis 1519, war also ein Zeitgenosse Daniel Hopfers.

Obwohl das von Hopfer signierte ursprüngliche Porträt keinerlei Angaben zu dem Dargestellten enthält, belegt eine in der zweibändigen Handschrift „Spiegel der Ehren des Erzhauses Oesterreich etc." von Johann Jakob Fugger aus dem Jahre 1555 enthaltene Miniatur-Zeichnung die Identität Cunz von der Rosens. Die Zeichnung wiederum gleicht der Radierung Hopfers derart auffallend, dass nur diese als Vorlage für die Miniatur in Betracht kommen kann.

Sowohl die Radierung als auch die Miniatur zeigen einen nach rechts blickenden Mann mittleren Alters in sitzender Position. Das grimmige Gesicht ist von einer markanten Nase, einem breiten Kinnbart und einem Schnurrbart geprägt. Sein Haupt mit angegrautem wallendem Haar wird von einem mit Kordeln, Flicken und einem Abzeichen besetzten Barett bedeckt. Er trägt ein aus festem Stoff gefertigtes gestepptes und mit gekreuzten Stoffstreifen abgesetztes Wams. Die nur im Oberteil sichtbare eng anliegende Hose mit halbmondförmigen Verzierungen wird von einem Schnallengürtel gehalten. Seine kräftigen Arme stemmt er gegen die Hüften, wobei die linke Hand ein Zweihänder-Schwert hält. Der Unterschied zwischen den beiden Bildern besteht lediglich darin, dass der finderdicke Halsreif auf der Miniatur fehlt.

In der Überschrift der Miniatur wird der Name Cunz von der Rosens ausdrücklich genannt. Es kann ausgeschlossen werden, dass Fugger, dem die besten Quellen zur Verfügung standen, sich bei der Beschriftung irrte. Somit können keine Zweifel daran bestehen, dass Hopfer seinen Zeitgenossen Cunz von der Rosen porträtierte. Das Fehlen des Halsringes steht dem nicht entgegen, denn dieser wurde übermalt, wie zu erkennen ist, wenn die Miniatur gegen das Licht gehalten wird.

So weit also der Nachweis, dass auf der Radierung Daniel Hopfers der Hofnarr Cunz von der Rosen und nicht Störtebeker porträtiert wurde. Im Übrigen ist zu berücksichtigen, dass die Kleidung, die die dargestellte Person trägt, der so genannten „zerhauenen" Tracht deutscher Landsknechte ähnelt. Diese Tracht kam aber erst Ende des 15. Jahrhunderts, also fast 100 Jahre nach Störtebekers Tod, auf. Dass das Bildnis des kaiserlichen Hofnarren Cunz von der Rosen mit dem Seeräuber Störtebeker in Verbindung gebracht wird, ist damit zu erklären, dass der Buchhändler und Verleger David Funck aus Nürnberg die Eisenradierungen und Kupferstichplatten Daniel Hopfers und seiner Brüder im 17. Jahrhundert aufkaufte und sie als „Opera Hopferiana" herausgab.

Miniatur aus dem „Ehrenspiegel" von Johann Jakob Fugger, die nach der Radierung von Daniel Hopfer angefertigt wurde und die eindeutig Cunz von der Rosen, den Hofnarren Kaiser Maximilians I. darstellt

Es kann mit einiger Sicherheit angenommen werden, dass Funck nach einem Weg suchte, den Umsatz zu steigern und so auf den Gedanken kam, den Namen des offenbar auch im Süden Deutschlands bekannten sagenumwobenen Seeräubers Störtebeker als Überschrift für das Bildnis von der Rosens, an den sich kaum noch jemand erinnerte, zu verwenden. Irgendwelche Skrupel dürfte er nicht gehabt haben, denn bereits um 1516 war das Porträt Cunz von der Rosens in Venedig zur Darstellung des spanischen Heerführers Gonzalo de Córdoba, gen. El Gran Capitán, benutzt und mit einer entsprechenden Inschrift versehen worden. Der seitenverkehrte Kupferstich wurde kurze Zeit später nochmals seitenverkehrt nachgestochen.

Der mit dem Namen Störtebekers versehenen Radierung ist etwas später, nach Abschleifen des unteren Randes der Platte, die folgende Versinschrift hinzugefügt worden:

Ich Stürtz den Becher und die Kandel
und hab damit ein guten Handel.
Auch finde ich meiner Brüder viel,
die eben das liben was ich will.

Auch die von Funck geänderte Radierung Hopfers wurde mehrfach kopiert. So entstanden wiederum Stiche, die das Porträt seitenverkehrt wiedergeben und die sich vom Bildinhalt her bzw. durch einen rechteckigen oder ovalen Rand (als Brustbild) unterscheiden. 1860 wurde in dem Familienblatt „Die Gartenlaube" sogar ein solcher Nachstich veröffentlicht, der den fränkischen Ritter Florian Geyer darstellen soll.

Das imposante Ölgemälde in der Störtebekerkammer wurde im Auftrag der Kirchengemeinde Marienhafe von dem polnischen Künstler Zenon Wrobel angefertigt. Als Vorlage diente ihm – wie man sich nun fast denken kann – ein Brustbild des zum Seeräuber gewandelten Hofnarren Cunz von der Rosen.

Bei den Brustbild-Nachstichen wurde die Verbindung zu Störtebeker durch die Erläuterung „Claus Stortzenbecher der Berrühmte Seeräuber von den Hamburgern gefangen undt zum Todt verurtheilt A° 1401" hergestellt. Als Literaturhinweis wurde der Zusatz „Albert Crantz 10. 6. von den Wenden" angefügt. So wurde z. B. der Bericht über die Vitalienbrüder in der Hamburg-Beschreibung von W. H. Adelungh mit einem solchen Brustbild illustriert.

Nach der Herausgabe der Hamburg-Beschreibung (1696) wurden um 1700 zwei Gedenkmedaillen in Hamburg geprägt, die der Radierung Hopfers nachempfunden sind. Beide zeigen auf der Vorderseite das Bildnis Störtebekers im Halbprofil, nach links ge-

Diese beiden Störtebeker-Gedenkmedaillen wurden 300 Jahre nach seiner Hinrichtung in Hamburg geprägt.
Vielleicht waren sie als späte Wiedergutmachung gedacht

wandt, und beide weisen mit der Jahreszahl 1401 auf dessen 300 Jahre zurückliegende Gefangennahme bzw. Hinrichtung hin. Die Medaillen unterscheiden sich aber deutlich durch die Ausprägungen der Gesichtszüge und die Beschriftungen.

Die Medaille mit der Umschrift „CLAUS STÖRT-ZENBECHER PYRATA FAMOS / HAMBURGI NE-CAT A 1401" (... der berühmt-berüchtigte Seeräuber, in Hamburg hingerichtet 1401) weist ein feineres Relief auf. Rückseitig wird der französische Freibeuter Jean Baert, der in seinem Land hohes Ansehen genoss, gezeigt. Die andere Medaille hat unterhalb des grob dargestellten Gesichts den Schriftzug „CLAVS STORTZEBECHER" und seitlich „CAPT. 1401" (gefangen 1401). Die Rückseite gibt die Stadtansicht von Hamburg im Jahr 1682 wieder. Im Vordergrund ist der Grasbrook, die Hinrichtungsstätte der Seeräuber, erkennbar.

Die beiden Medaillen – nicht nur in Silber, sondern auch in Gold geprägt – wurden in Langermanns „Hamburgisches Münz- und Medaillen-Vergnügen" (1753) unter den Überschriften „Eine satyrische Vergleichung des Claus Storzenbechers mit dem berühmten Französischen Frey-Beuter Jean Baert" sowie „Eine in neueren Zeiten geprägte Gedächtnis-Münze auf den berufenen See-Räuber Claus Storzenbecker, von 1401" näher beschrieben.

Auch zum 800-jährigen Bestehen ihres Hafens sowie zum 750-jährigen Jubiläum der Hanse gaben die Hamburger jeweils Silber-Gedenkmedaillen mit dem Bildnis Störtebekers heraus. Das Exemplar zum Hafenjubiläum zeigt auf der Vorderseite das bekannte Porträt des Seeräubers, eine Kogge und zwei gekreuzte Schwerter.

Die Umschrift lautet „800 Jahre Hafen und Hamburg . 1189 – 1989". Auf der gleich großen Hanse-Medaille wird Störtebeker dagegen in ganzer Größe, in der gewohnten Montur vor einem Segelschiff stehend, mit einer Kette an den Beinen gefesselt, dargestellt.

1996, also 600 Jahre nachdem die Vitalienbrüder und ihr Anführer in Marienhafe auftauchten, hat die Deutsche Post AG ebenfalls eine Störtebeker-Gedenkprägung herausgegeben. Auch für diesen „Störtebeker-Taler" wurde das nach der Hopferschen Vorlage gezeichnete Brustbild Störtebekers als Relief mit der Umschrift „Störtebeker. 1401" übernommen. Die Rückseite zeigt den westlichen Teil Ostfrieslands mit Marienhafe, ein Schiff unter vollen Segeln sowie die

Die von Zenon Wrobel nach seinem Störtebeker-Porträt angefertigte Bronzebüste

Jahreszahl MCCCXCVI (1396). Die Edition wurde sowohl in Silber (Aufl. 5500) als auch in Gold (Aufl. 450) gefertigt.

Störtebekers Nachruhm basiert nicht nur auf den erwähnten Überlieferungen und bildlichen Darstellungen, sondern wird ohne Zweifel noch dadurch gesteigert, dass ihm auch Denkmäler gesetzt wurden.

In Hamburg steht er in Bronze sogar „besser" da als sein Widersacher Simon von Utrecht, der an der Kersten-Miles-Brücke „nur" in Stein gehauen wurde. Das Hamburger Störtebekerdenkmal befindet sich – wie sollte es anders sein? – auf dem Grasbrook. Dass es dort errichtet werden konnte, ist insbesondere der Initiative des Hamburger Architekten Dieter Groß zu verdanken. Groß konnte nicht nachvollziehen, dass zwar bei den Hafenrundfahrten interessante Storys über Störtebeker erzählt wurden, dieser selbst aber durch Abwesenheit glänzte. Er suchte daher nach Möglichkeiten für eine „Wiederkehr" und fand dabei auch bei interessierten Privatleuten, Behördenvertre-

Claus Storßenbecher der Berrühmte Seeraüber
von den Hamburgern gefangen undt Zum Todt verurtheilt A° 1401
Albert Crantz. 10.6. von den Wenden.

Einer der ersten Brustbild-Nachstiche, im Jahre 1696 veröffentlicht in „Kurtze historische Beschreibung der uhr-alten ... Handels-Stadt Hamburg"

tern und besonders bei der Presse Unterstützung. So berichteten u. a. die Bild-Zeitung, das Hamburger Abendblatt und die Morgenpost über das Vorhaben. Die Kulturbehörde der Hansestadt erkannte an, dass „die Gestalt Störtebeker in Hamburg sehr lebendig ist" und richtete ein Spendenkonto ein. Bei einem eventuellen Fehlbetrag wollte sie aber nicht in die Pflicht genommen werden. Unterstützung fand der Initiator auch bei den Strom- und Hafenbauern, die einen vier Tonnen schweren Findling, der als Sockel für das Denkmal verwendet werden konnte, aus der Elbe fischten und einen geeigneten Standplatz zur Verfügung stellten.

Obwohl das Projekt, einem „negativen Helden" ein Denkmal zu setzen, nicht unumstritten war, blieben die Spendenaufrufe nicht ergebnislos. Hilfreich war dabei sicherlich, dass alle, die 100,– DM oder mehr auf ein Spendenkonto überwiesen, eine signierte Originalgrafik des Münchener Bildhauers Hansjörg Wagner, der mit dem Entwurf und der Fertigung des Denkmals beauftragt war, erhielten. Die Grafik zeigt den zur Seite gewandten Kopf Störtebekers. Wagner fertigte auch einige kleine Bronzemodelle der Skulptur, deren Verkauf ebenfalls zur Finanzierung des Projektes beitrug.

Am 1. August 1982 konnte das 2,20 Meter große und 200 Kilogramm schwere Denkmal im Freihafen durch den Direktor der Hafenbehörde, Mönkemeier, unter den Klängen der „Hamburger Nationalhymne" enthüllt werden. Störtebeker trägt weder Barett noch Wams, sondern steht mit bloßem Oberkörper und gefesselten Händen, den Blick zur Seite, zum Meer gerichtet, fest auf seinem Sockel. Seine Kehrseite ist der Stadt zugewandt, was sicherlich historisch begründbaren Symbolcharakter hat, aber auch damit zusammenhängen mag, dass die städtischen Dienststellen sich nicht zu einer finanziellen Kostenbeteiligung durchringen konnten.

Wie dem auch sei – Hamburg und seine Küste sind, wie der Hafendirektor es ausdrückte, um eine touristische Sehenswürdigkeit reicher geworden.

Ähnliche Überlegungen zum Ankurbeln des Tourismus kamen auch in Marienhafe auf, obwohl hier bereits seit Jahrhunderten ein viel besuchtes steinernes Monument steht, das an Störtebeker erinnert. Hier brauchte man zwar keine „Wiedergutmachung" zu betreiben, dennoch erkundigten Gemeindedirektor Helmut Plogstieß und sein Vertreter sich vorsichtig nach den Kosten und Möglichkeiten der Finanzie-

rung eines Denkmals. Die Kommunalpolitiker, an ihrer Spitze Bürgermeister Knippelmeyer, standen den zwischenzeitlich mit dem Leeraner Bildhauer Karl-Ludwig Böke erörterten Vorstellungen positiv gegenüber und gaben die Anfertigung eines Modells in Auftrag. Dafür wurde vorgegeben, dass die Skulptur sich optisch an das Bildnis Hopfers anlehnen und Dynamik, Kraft und Aktivität ausstrahlen sollte. Das Modell gefiel und nach gründlichem Abwägen der finanziellen Folgen gab der Gemeinderat grünes Licht für den Auftrag an K. L. Böke. Gegossen wurde der Bronzemann in Elmenhorst bei Hamburg.

Die Presse hielt die Bürger und die Steuerzahler über den Fortgang der Arbeiten auf dem Laufenden. Kritische Stimmen gab es nur vereinzelt, Spenden aber ebenso wenig. Leider fehlten die „Pfeffersäcke".

Bronzemodell der Hamburger Störtebeker-Skulptur, das ebenfalls „Sponsoren-Funktion" hatte

Das Störtebeker-Denkmal in Hamburg am Brooktor, ganz in der Nähe seines Hinrichtungsplatzes

Am 27. Juni 1992 wurde das Denkmal auf dem Marktplatz enthüllt. Der Bürgermeister konnte einige hundert Zuschauer und viele „Häuptlinge und ehrenwerte Herren", darunter Bürgermeister der Nachbargemeinden, K. L. Böke, den Gießer Wittkamp und Dieter Groß aus Hamburg begrüßen. Der Männergesangverein „Concordia", die „Ostfriesische Blaskapelle" und der „Störtebeker-Kinderchor" sorgten für den musikalischen Rahmen. Ein Fernsehteam und die Vertreter der örtlichen und regionalen Presse dokumentierten die Szene:

Erhobenen Hauptes mit geschultertem Enterbeil und am Gürtel hängenden Schwert schreitet der 2,40 Meter große und 6 Zentner schwere Vormann der Liekedeler vor der Kulisse des Turms, in dem er seinerzeit Unterschlupf fand, die Gangway hinauf!

Auch Marienhafe ist mit der nicht zu übersehenden Bronzestatue um einen touristischen Anziehungspunkt und ein beliebtes Fotomotiv bereichert worden. Vielleicht darf man dies als späten Dank des berühmt gewordenen Haudegens für seine gastliche Aufnahme im Brookmerland ansehen?!

Ein weiteres „Störtebekerdenkmal" ist in Verden an der Aller zu sehen. Die kleine Skulptur ziert den Störtebeker-Brunnen vor dem Historischen Museum. Mit der linken Hand wird ein rundes Brot und mit der rechten werden Heringe dargeboten. Die von dem Bremer Künstler Paul Halbhuber geschaffene Brunnenskulptur stand ursprünglich vor dem Rathaus. Sie wurde der Stadt am 29. Juni 1985 von drei örtlichen Geldinstituten zur Erinnerung an die dem Verdener Bischof vor 1000 Jahren erteilten Königsrechte über Markt, Münze, Bann, Zoll und Jagd geschenkt.

Die Stadt Verden stellt mit dem Denkmal eine Verbindung zu der „Störtebeker-Spende", einer traditionellen jährlichen Brot- und Heringsverteilung her, deren Ursprung wohl bis ins späte Mittelalter zurückreicht. Um 1450 stiftete der Verdener Domvikar Nigehoff einen größeren Geldbetrag, aus dessen Zinserträgen armen Leuten in der Fastenzeit Brot und Malz gegeben werden sollte. Aus dieser Stiftung dürfte, wie E. Heyken in den Rotenburger Schriften ausführt, die Lätare-Spende hervorgegangen sein, wenn auch im Laufe der Jahrhunderte neue Verteilungsregeln aufgestellt wurden. So wurde die Ausgabe auf den Montag nach dem dritten Sonntag vor Ostern (Lätare) verlegt und die Malzgaben wurden durch Heringe, die auch in der Fastenzeit gegessen werden durften, ersetzt.

Die Bezeichnung „Störtebeker-Spende" wurde erst im 19. Jahrhundert von dem Verdener Bürgermeister Pfannkuche, der sich mit der älteren Geschichte des Bistums Verden auseinander gesetzt hat, aufgebracht. Pfannkuche befasste sich in diesem Zusammenhang auch mit der in der Bremer Chronik von Johann Renner (ca. 1583) erwähnten, aber keineswegs belegten Überlieferung, Claus Stortebecker und Goetke Michael hätten 14 Fenster mit der Darstellung der sieben Todsünden und der sieben Tugenden für den Dom zu Verden gestiftet. Erst danach wurde die Störtebeker-Spende 1891 erstmals offiziell in einem Schreiben der Dom-Armen-Stiftung an den Magistrat der Stadt erwähnt. Vorher war nur von der „Spende" oder der „Lätare-Spende" (ab 1784) die Rede gewesen.

Verden beruft sich bei der immer noch jeweils montags nach Lätare stattfindenden kostenlosen Verteilung der Brote und Heringe auf ein „Vermächtnis, das ihr von dem Seeräuber Klaus Störtebeker übertragen worden sein soll". Ausgegeben werden zwei Fässer (etwa 1600) Heringe und 530 Brote an Bürger und Gäste der Stadt. Die Verteilung wird von Störtebeker „persönlich" vorgenommen, der dabei von prominenten Helfern unterstützt wird. Die teilnehmenden Gäste haben dafür ihrerseits eine Spende zu entrichten, die die Stadt für wohltätige Zwecke zur Verfügung stellt. „Insofern bewegen sich die Gäste auf den Spuren Störtebekers", schreibt die Tourist-Information in ihrem Prospekt.

David Funck hat Ende des 17. Jahrhunderts viel Geschäftssinn bewiesen, indem er die Radierung Hopfers verfälschte und mit dem sagenhaften Seeräuber Störtebeker in Verbindung brachte. Auf jeden Fall hat die „Manipulation" und die darauf folgende weite Verbreitung des „Störtebeker-Porträts" die Popularität des Seeräubers weiter gesteigert.

Der Held hatte nun ein Gesicht bekommen. Man brauchte die eigene Phantasie nicht mehr zu strapazieren, sondern man wusste jetzt, wie er ausgesehen hatte. Das Bild entsprach – und das hatte Funck sicherlich richtig erkannt – den Vorstellungen, die sich die Betrachter von dem volkstümlichen Seeräuber machten: Es drückt Mut, Kraft und Verwegenheit aus, aber auch eine gewisse Vertrauenswürdigkeit. Funck verstand also, Kunst, Information und Kommerz geschickt zu kombinieren – und diese Verbindung ist auch heute noch zu erkennen.

Modell des Marienhafer Störtebeker-Denkmals, das den Mitgliedern des Marienhafer Gemeinderates als Entscheidungshilfe für den Beschluss diente, den mittelalterlichen Gast zurückzuholen

Immer noch ist der Name Störtebeker ein „Markenzeichen" für die Mittelalterabteilungen norddeutscher Museen, für Volkstheater, für die druckenden Zünfte, für Film, Funk und Fernsehen, für die Platten-, Video- und CD-Produzenten, für Andenken- und Getränkevertreiber, aber auch für Vortragsveranstaltungen und für die „Weiße Industrie", den Tourismus. Einige zwanglos und wertungsfrei zusammengestellte Beispiele mögen das verdeutlichen.

Das Museum für Hamburgische Geschichte besitzt eine ganze Anzahl von Gegenständen aus der Zeit der Hanse und der Vitalienbrüder. 1989 und 1990 wurden in Hamburg und Rostock Sonderausstellungen zum Thema „Die Hanse – Lebenswirklichkeiten und Mythos" gezeigt. 2001 folgte eine spezielle Ausstellung mit umfangreichem Begleitprogramm über Seeraub und Störtebeker unter dem Titel „Gottes Freund – aller Welt Feind". Zu diesen Ausstellungen wurden umfangreiche Kataloge mit informativen Erläuterungen und vielen Bildern der gezeigten Exponate herausgegeben.

Auch das Überseemuseum in Bremen lüftete mit der 2000/2001 durchgeführten Sonderausstellung „Piraten – Die Herren der Sieben Meere" manche Geheimnisse der sagenumwobenen Welt der Seeräuber. Hierzu gab das Museum ebenfalls ein interessantes Katalogbuch heraus.

Im Deutschen Schifffahrtsmuseum in Bremerhaven wurde eine 1962 bei Bauarbeiten im Bremer Europahafen gefundene Hanse-Kogge aus dem Jahr 1380 zwanzig Jahre lang mit gewaltigem Aufwand konserviert. Hier kann das einzigartige Schiff aus der Seeräuberzeit nun besichtigt werden. Um die Segeleigenschaften, das Seeverhalten und die Navigation einer solchen Kogge zu klären, wurde es mit Millionenaufwand nachgebaut. Die 23 Meter lange Rekonstruktion wurde 1991 zu Wasser gelassen.

In diesem Museum hängt auch ein Gemälde von Hans Bohrdt, das die „Bunte Kuh", die einst bei der Jagd auf die Seeräuber eingesetzt wurde, darstellt.

Das Stadtgeschichtliche Museum/Archiv der Hansestadt Wismar besitzt die wohl älteste Urkunde über Störtebeker, der hier Nicolao Stortebeker genannt wird. Es ist das Gerichtsprotokollbuch (Verfestungsbuch) mit Eintragungen über Strafen, Verweisungen und Begnadigungen aus der Zeit von 1353 bis 1429.

In Wilhelmshaven gibt es ein „Piratenmuseum" mit einer Themenausstellung, die besonders für Kinder und Jugendliche viel Spannendes bietet, aber auch den älteren Besuchern einen interessanten Eindruck von der Erlebniswelt der Piraten vermittelt.

An den Universitäten Oxford und Göttingen, in der Uniklinik Hamburg-Eppendorf und im Düsseldorfer Institut für Rechtsmedizin wurde der Frage nachgegangen, ob die beiden im Museum für Hamburgische Geschichte gezeigten Schädel, die 1878 auf dem Grasbrook gefunden wurden, von Störtebeker und seinen Kumpanen stammen können. Bei einem der Schädel wäre das möglich; der zweite dürfte etwas älter sein. Klarheit könnte vielleicht eine DNA-Analyse bringen, wenn es denn gelänge, Nachfahren der geköpften Seeräuber zu finden. Bis dahin können die wissenschaftlichen Diskussionen und die Spekulationen fortgesetzt werden.

Informiert, diskutiert und spekuliert wurde auch im Rahmen einer im März 2002 vom Marschenrat Wilhelmshaven und dem Institut für Städtegeschichte an der Universität Münster durchgeführten Tagung in Wilhelmshaven zu dem Thema „Störtebeker – 600 Jahre nach seinem Tod". Schwerpunkt der Werkstattgespräche, an denen viele Fachreferenten und Gäste aus dem In- und Ausland teilnahmen, war der Seeraub an der südlichen Nordseeküste in der Zeit vom 14. bis 16. Jahrhundert. Verbunden wurde die Tagung mit einer öffentlichen Vortragsveranstaltung der Nordwestdeutschen Universitätsgesellschaft Wilhelmshaven unter dem Thema „Die Vitalienbrüder im Urteil der Nachwelt".

Der Kulturbund der DDR gab 1980 zu den 18. Arbeiterfestspielen der Republik auf Rügen eine Postkarte mit Sonderstempel zur Würdigung des Autors der auch schon 1959 bis 1961 in Ralswiek aufgeführten Ballade „Klaus Störtebeker", des Nationalpreisträgers Kurt Barthel, heraus. Aus gleichem Anlass schuf Armin Münch, ebenfalls Nationalpreisträger, einen aus 20 Blättern bestehenden Grafik-Zyklus „Störtebeker".

In Rostock vertrieb eine volkseigene Brauerei unter dem Logo der Rügenfestspiele 1980 Störtebeker-Vollbier-Edelhell, die 0,33-l-Flasche zum Preis von 0,65 Mark. Seit Anfang der 90er Jahre produziert eine Stralsunder Brauerei verschiedene „Störtebeker"-Biersorten. Im angeschlossenen Shop wird diverses „Zubehör", vom Flaschenöffner bis zum „Kapitänsbecher" angeboten. Ein Norder Betrieb für Gastronomiebedarf vertreibt „Störtebeker"-Kräuterlikör und in den Läden von Marienhafe

Diese beiden Schädel werden im Museum für Hamburgische Geschichte gezeigt. Wahrscheinlich handelt es sich um Schädel von Piraten, die zu Störtebekers Zeit oder etwas früher auf dem Grasbrook in Hamburg geköpft wurden

Grafik aus dem Störtebeker-Zyklus
von Armin Münch

Störtebeker musste mancherorts auch über Notzeiten hinweghelfen, wie diese in der Inflationszeit herausgegebenen Notgeldscheine anschaulich beweisen

gibt es Becher, Teller, Tee und Wurstwaren der „Marke Störtebeker" sowie Miniatur-Nachbildungen des Störtebeker-Denkmals zu kaufen.

Zur Überbrückung des Mangels an Zahlungsmitteln nach dem 1. Weltkrieg half Störtebeker mit Notgeldscheinen aus: Die Stadt Verden gab 1921 eine 25-Pfennig-Note heraus. Auf der Rückseite steht als Hinweis auf die Lätare-Spende der Vers: „Ach, de Hering is so sölten, un dat Brot smeckt ook nich sööt! Störtebeker, Du bist hölten, wat giffst us keen Pepernööt?". Die „Vereinigten Lichtspiele" in Wilhelms-

haven-Rüstringen druckten eine 6er-Serie 50-Pf.-Scheine mit Bildern und Sprüchen zu Störtebeker, z. B. „Störtebeker und Gödje Micheel sind een Paar Rovers glikedeel / Se roven so lange bet' Gott verdrot – Do leden se grot Schande und Not". In Hamburg ging das Leben trotz der Not weiter. So gab die „Imperator-Bar" Notgeldscheine zu 50 Pf. und 1 Mark (gültig bis 31. Dez. 1921) heraus, die auf der Rückseite die Hinrichtung Störtebekers zeigen.

Etwa um die gleiche Zeit wurde der 1919/20 von der Decarli-Film-KG, Berlin, gedrehte Störtebeker-

Stummfilm auf die Leinwand gebracht. Zumindest die jugendlichen Zuschauer konnten sich aber nicht lange daran erfreuen, denn 1925 wurde der 2125 m lange Streifen von der Film-Oberprüfstelle in Berlin mit einem Jugendverbot belegt. Als Begründung führte die Prüfstelle an, sie befürchte von der Vorführung des mit einer Reihe wilder Szenen durchsetzten Bildstreifens eine Überreizung der Phantasie jugendlicher Zuschauer. Im Nahkampf würden Menschen mit dem Beil erschlagen oder über Bord geworfen. Auch die Darstellung der Hinrichtung Störtebekers und eine Orgie in einem Kellergewölbe gefährde die sittliche Entwicklung jugendlicher Beschauer. Leider ist der Film auch in den Archiven nicht mehr aufzufinden.

Derartige Probleme mit der Prüfstelle hatten die Produzenten des Comic-Films „Kommando Störtebeker" nicht. Der Film ist im September 2001 in den Kinos gelaufen. Er basiert auf Otto Waalkes' Fernsehserie „Die Ottifanten". Paul Bommel hat vom Geld seines Chefs 30 000 Mark beim Schweinerennen verzockt. Opa erinnert sich an eine alte Schatzkarte, die Störtebeker bei seiner Hinrichtung verloren haben soll. Die Familie hofft, den Wettverlust durch das Auffinden von Störtebekers Schatz wieder ausgleichen zu können und begibt sich auf die Suche. Dann wird es chaotisch ...

Von Ottos Film und von den meisten Störtebeker-Theaterstücken, die in den letzten Jahren aufgeführt wurden, gibt es Videos. Hörspiele, Abenteuer und Lieder sind auf Kassetten, Schallplatten oder CDs zu bekommen. Es gibt Würfel-, Brett- und Kartenspiele – und es gibt eine kaum zu überblickende Anzahl von Büchern, an denen sicherlich auch der Titelheld Störtebeker und seine Leute ihre Freude gehabt hätten.

Abgesehen von den Bildnissen, Medaillen, Denkmälern und Kuriositäten, die eindrucksvoll, aber sicherlich auch nicht ohne kommerzielle Hintergedanken an Störtebeker und die Vitalienbrüder erinnern, gibt es allein im nordwestdeutschen Raum noch eine ganze Anzahl von Realitäten, die mit dem Namen Störtebekers in historischer Weise eng verknüpft sind.

Da ist zunächst der schon erwähnte „Störtebekerturm" der Marienkirche von Marienhafe. Der Turm hatte früher sechs Stockwerke und war einschließlich Spitze zirka 72 Meter hoch. Vermutlich entsprach die Gesamthöhe des Turmes der Gesamtlänge der Kirche, so dass sich ein Maßverhältnis von 1:1 ergab. Seit dem Abbruch der beiden obersten Stockwerke und

der Fertigstellung des neuen Daches mit der kleinen Spitze im Jahre 1834 hat er noch eine Höhe von knapp 40 Metern. Obwohl er somit ursprünglich fast doppelt so hoch war, ist er nicht nur aus Richtung Leybucht kilometerweit zu erkennen. Es kann daher überhaupt kein Zweifel daran bestehen, dass der Turm um 1400 als Orientierungshilfe für die von See kommenden und in das Störtebekertief einfahrenden Seeräuberschiffe gedient hat.

Störtebeker wird somit durchaus ein Interesse gehabt haben, beim Wiederaufbau der 1387 durch ein Großfeuer schwer beschädigten Kirche und der Turmspitze mitzuhelfen. Das Kupfer für die Neueindeckung des nordseitigen Kirchendaches könnte aus einer geraubten Schiffsladung stammen, denn damals war Hamburg Umschlagplatz für das in Mitteldeutschland eingekaufte Metall. Nach J. G. Schomerus, der sich sehr eingehend mit der Geschichte der Marienkirche befasst hat, könnte die Kammer im ersten Obergeschoss des Turmes zur Störtebekerzeit durch den Einbau einer Trennmauer zum Kirchenschiff hin wohnlich hergerichtet worden sein. Die für die Renovierung benötigten Steine wurden von den Westeelern zur Verfügung gestellt, die ihr überschwemmtes Dorf nach den Dionysiusfluten verlassen hatten. Vielleicht hat auch Störtebeker mit seiner Flotte beim Transport dieser Steine geholfen?

In der „Störtebekerkammer", die früher über zwei Wendeltreppen erreichbar war, ist nun das Kirchenmuseum mit der reichsten gotischen Steinplastiksammlung Ostfrieslands untergebracht. Diesen Raum kann man sich auch heute noch sehr gut als sicheren Schlupfwinkel Störtebekers und als Lagerraum für die erbeuteten Waren vorstellen.

Der besonders geschützte Platz um die Kirche, der „Wik", bot sich für die Vermarktung des Kapergutes geradezu an. Die traditionellen Jahr- und Wochenmärkte finden hier immer noch statt.

Das „Störtebekertief" ist jetzt nur noch ein kleiner Wasserlauf, der in 70 Meter Entfernung vom Störtebekerturm in westliche Richtung fließt und kurz hinter dem Wykhof, wo Störtebeker sich zeitweise ebenfalls aufgehalten haben soll, endet. Es ist das Überbleibsel einer Einbuchtung, die am 9. Oktober 1374 und 15./16. November 1377 durch die beiden Dionysiusfluten entstand bzw. ausgeweitet wurde. Zu Zeiten Störtebekers war dieser Einschnitt einige hundert Meter breit und so tief, dass zumindest kleinere Schiffe Marienhafe anfahren konnten. Hier war der

Die „Störtebekerkammer" beherbergt heute das Kirchenmuseum mit der reichsten gotischen Steinplastik-Sammlung Ostfrieslands (siehe unten rechts), hier: Fuchs mit Fisch

nahe der Kirche gelegene kleine Hafen ein sicherer Ankerplatz und die den Marktbereich umgebende Mauer, an der die Schiffe festmachen konnten, bot Schutz gegen Überfälle. Die Mauer wurde 1556/57 abgebrochen. Die Steine wurden zum Bau des Auricher Zwingers verwendet.

Ab wann das Störtebekertief so genannt wurde (frühere Bezeichnungen waren „Riede", „Kerkenriede" und auch „Störtebekerriede"), lässt sich nicht mehr genau festlegen. Harkenroht erwähnt es bereits 1731 in den „Oostfrieschen Oorsprongkelykheden". Wiarda schreibt in seiner „Ostfriesischen Geschichte" (1791–1798): „Ein itzt verschlammtes Tief gieng bis an Marienhave, wohin sie die ausgeladenen Waaren mit kleinen Schiffen bringen konnten. Noch itzo wird diese Niederung Störtebekers Tief genannt."

Ende des 15. Jahrhunderts wurde die Bucht beim Wykhof eingedeicht, so dass keine Verbindung zur Nordsee mehr besteht und das Wasser des Störtebekertiefs durch die Abelitz abgeleitet werden muss. Auch in der Folgezeit gewann man der Leybucht Stück für Stück ab. Zuletzt wurden 1950 mit der Eindeichung des Leybuchtpolders über 1000 Hektar Marschboden gesichert und anschließend besiedelt. Der zirka fünf Kilometer lange Schutzwall gegen die Fluten erhielt – was war näher liegend? – den Namen „Störtebekerdeich".

Um die wachsende Berühmtheit des Seeräubers Störtebeker verstärkt für den Fremdenverkehr der gesamten Region zu nutzen, wurde vor einigen Jahren die „Störtebekerstraße" aus der Taufe gehoben. Sie verbindet viele Orte, die mit Störtebeker, den Vitalienbrüdern und ihren Hegern in Verbindung gebracht werden.

Beginnend in Leer, dem Sitz des Häuptlings Focko Ukena, führt sie dicht am rechten Emsdeich entlang über Neermoor, wo die Ukenas ihre Stammburg hatten, und Oldersum, wo die tom Broks zwei Burgen besaßen, nach Emden, dem früheren Wirkungsbereich des Propstes Hisko, mit dem ehemaligen Kloster Faldern, in dessen Mauern im Mai 1400 über die Seeräuber und ihre Freunde gerichtet wurde, sowie dem heutigen Stadtteil Larrelt, wo Enno Haytetsna den Liekedelern auf seiner Burg Unterkunft gewährte.

Über Loquard, dem Häuptlingssitz Sibrands und Versteck Gödeke Michels, geht es weiter nach Groothusen, das drei Burgen hatte, von denen eine Folkmar Allena gehörte, bis die Hamburger sie 1400, wie später auch die anderen beiden, in Schutt und Asche legten. Dann führt die Straße über Pilsum, wo die Beningaburg beim zweiten Zug der Hanse gegen die Seeräuber zerstört wurde, nach Greetsiel, in dessen Hafen die Seeräuber gleichfalls Zuflucht suchten und wo es deswegen zur Einnahme der Burg Haros kam. Vom Störtebekerdeich aus bietet sich ein Blick über die Leybucht auf den verlandenden Leysand, das Wattgebiet des Kopersandes und auf das Seegebiet der Osterems, in dem 1400 die in Emden gerichteten Seeräuber überwältigt worden sind. Durch eingedeichtes weites Marschgebiet verläuft die Straße in Richtung Osten nach Marienhafe, dem alten Seeräuberschlupfwinkel und Erholungsort Störtebekers. Hier sind der Besuch der Störtebekerkammer und die Besteigung des Störtebekerturmes über die Wendeltreppe im Mauerwerk obligatorisch. Der freie Blick auf das ehemalige Herrschergebiet der tom Broks, auf das Störtebekertief und auf die Küste lohnt die kleine Anstrengung.

Über die Stadt Norden, in der die Ennenburg 1408 mit Keno tom Broks Hilfe von den Hansestädten eingenommen wurde und in deren unmittelbarer Nähe, in Bargebur, der Häuptling Udo Fockena 1433 im Kampf gegen die Hamburger und die Cirksenas sein Leben lassen musste, erreicht die Straße wieder die Küste. Durch viele kleine Hafen- und Sielorte, die seinerzeit ideale Verstecke für die Vitalienbrüder boten, führt sie zur Jade, dem ehemaligen Hoheitsgebiet Edo Wiemkens und seines Enkels Sibet, bei denen sich die Seeräuber über viele Jahre heimisch fühlten. Heute erinnern im Stadtgebiet von Wilhelmshaven nur noch einige Mauerreste auf dem von doppelten Gräben und Wällen umgebenen Burghügel an den Standort der 1433 von den Hamburgern unter Simon von Utrecht belagerten und zwei Jahre später von den Bremern zerstörten Eden- bzw. Sibetsburg.

Um den Jadebusen herum geht es durch Butjadingen nach Bremerhaven und dann entlang der Wesermündung, dem letzten Kampfgebiet Gödeke Michels, weiter über Cuxhaven westlich der Elbe bis nach Hamburg, an dessen Stadtrand die Straße schließlich, ebenso wie seinerzeit ihr Namensgeber Störtebeker, ihr Ende findet.

Auch wenn die Spuren Störtebekers und der Liekedeler nicht mehr überall sichtbar sind und wenn von den einst so trutzigen Häuptlingsburgen vielfach nur noch der Standort gezeigt werden kann, so ist doch noch ein Hauch der bewegten Periode der Seeräuberei spürbar, vorausgesetzt, man bringt die nötige Muße und Phantasie mit. Beim Anblick der Fischerboote in den gemütlichen Ems- und Küstenhäfen, beim Besuch der vielen alten Dörfer links und rechts der Störtebekerstraße, bei einer Kutterfahrt, einem Inselausflug oder nach dem Bezwingen des Störtebekerturmes fällt es gar nicht so schwer, sich in diese Zeit zurückzuversetzen.

Anregungen gibt es genug – und das Gebiet der südlichen Nordsee wurde nicht nur zu Zeiten Störtebekers wegen seiner Gastlichkeit geschätzt.

Struktur und Organisation der Vitalienbrüder

Ein „neues Bild" von Störtebeker

Der mittelalterliche Seeraub zur Zeit Störtebekers ist zwar von einer ganzen Reihe Chronisten erwähnt worden, jedoch handelte es sich dabei nur um relativ kurze Nachrichten. Zum Teil legten die Geschichtsschreiber dieselben Quellen zugrunde oder sie bestätigten sich gegenseitig. Die Hanserecesse sowie die Urkundenbücher der Hansestädte und der Landstriche, die in irgendeiner Weise Verbindung zu den Seeräubern hatten, bieten dagegen eine Fülle von Material, das es ermöglicht, die seeräuberischen Aktivitäten der Vitalienbrüder bzw. der Liekedeler einigermaßen vollständig nachzuvollziehen. Die so registrierten Raubüberfälle erlauben Aussagen über ihre gebietsmäßigen und zeitlichen Schwerpunkte und größtenteils auch über ihre Folgen.

Dennoch bleiben immer noch viele Fragen offen. Es ist zwar unzweifelhaft, dass die Seeräuberei der Vitalier von der Ostsee ausging, so dass die Angehörigen dieser Truppen vornehmlich auch aus den Ostsee-Anrainerstaaten stammen dürften, die genauen Herkunftsorte sind aber kaum bekannt. Dies gilt selbst für die Kapitäne und Hauptleute. So ist nach wie vor völlig unklar, wo die Wiege der beiden bekanntesten Vitalienbrüder, Störtebeker und Gödeke Michel, stand. Dies wird im Nachhinein auch nicht mehr zu klären sein, denn Standesämter gab es damals nicht und Kirchenbücher wurden erst im 16. Jahrhundert eingeführt.

Insbesondere durch den sagenhaften Nachruhm Störtebekers werden bereits seit Jahrhunderten Spekulationen angestellt, wo er denn geboren sein könnte. Mutmaßungen gab es reichlich, sie führten aber nur dazu, dass häufiger genannte Orte letztlich als überlieferte Geburtsorte angesehen wurden. Dazu zählen z. B. Barth, Glowe, Halsmühlen, Hamburg, Koosdorf, Norden, Osteel, Ruschwitz, Siel, Verden, Walle und Wismar. Vielfach wird nur die Gegend erwähnt, wie Friesland, Mecklenburg oder Pommern. Gödeke Michel soll in Barth, Michaelsdorf, Svente auf Rügen oder im Land Kehdingen zur Welt gekommen sein.

Sagenhaft ausgeschmückt wurden auch die Schlupfwinkel. Sie sind in einer solchen Vielzahl überliefert, dass man annehmen könnte, Störtebeker und seine Männer hätten sich in der Zeit seit der ersten schriftlichen Erwähnung als Seeräuber (1394 in der Klageakte der Engländer) bis zu ihrer Gefangennahme fast nur in Höhlen oder unterirdischen Gängen, hinter Mauern oder Wällen, in Schlössern und Burgen, in Türmen oder in Schutzhäfen aufgehalten. In Mecklenburg werden etwa 20 Orte, in Pommern 30, in Schleswig-Holstein 35, im Bereich Elbe/Weser/Aller 13, im Herzogtum Oldenburg 3 und in Ostfriesland 5, zusammen also mehr als hundert Orte genannt.

Bezeichnend ist, dass etwa 85 Schlupfwinkel dem Gebiet der Ostsee zuzuordnen sind, während ungefähr 20 von der Nordsee aus zu erreichen waren. Aus diesem Zahlenverhältnis kann gefolgert werden, dass die mit Störtebeker und zum Teil auch mit Gödeke Michel in Verbindung gebrachten Unterschlupforte sich zu einem erheblichen Teil auf die insgesamt im Ostseebereich aktiv gewesenen Vitalienbrüder beziehen; denn hier waren sie ja bereits seit 1375/76 von den Mecklenburgern um Albrecht II. zum Kaperkrieg gegen Dänemark angeworben und eingesetzt worden. 1390/91 folgte der Auftrag zur Versorgung Stockholms. Und bei dieser Aktion könnte Störtebeker, dessen Name schon 1380 im Wismarer Gerichtsprotokollbuch auftaucht, durchaus dabei gewesen sein. So werden sich die Sagen mit Störtebekers steigender Berühmtheit immer mehr auf seine Person konzentriert haben.

Ebenso wenig wie die Überlieferungen und die noch vorhandenen Schriftstücke konkrete Auskünfte zu den Geburtsorten und Schlupfwinkeln geben können, vermitteln sie nähere Erkenntnisse zur Zusammensetzung der Besatzungen der Seeräuberschiffe. Auch hier stehen Mutmaßungen im Vordergrund, allerdings ohne sagenhafte Ausschmückungen. Die Schiffshauptleute rekrutierten sich in Anbetracht der herzoglichen Aufrufe vermutlich zumindest teilweise aus den mecklenburgischen Adelsgeschlechtern. Die Mannschaften werden sich dagegen hauptsächlich aus Angehörigen der niedrigeren Bevölkerungsschichten, die ihren Lebensunterhalt irgendwie sicherstellen mussten, aber auch aus Abenteurern und Glücksrittern, die schnell zu Geld kommen wollten, zusammengefunden haben.

Andererseits wurden Leute benötigt, die Fähigkeiten besaßen, Schiffe zu navigieren, mit Waffen umzugehen und die sichere Schlupfwinkel kannten, falls es galt, die Flucht zu nehmen. Bei der Auswahl war weiter zu berücksichtigen, dass die geraubten Waren möglichst bald abgesetzt werden sollten und dass die Schiffe ausgerüstet und von Zeit zu Zeit repariert werden mussten. Diese Gesichtspunkte lassen den Schluss zu, dass ein Großteil der Mannschaften in den Küstengebieten der Ostsee beheimatet war.

Ob Störtebeker und Gödeke Michel ursprünglich zu der letztgenannten Gruppe gehörten, sich also aufgrund von Ortskenntnissen und Erfahrungen oder anderer ihnen nachgesagter Qualitäten hochgearbeitet haben oder ob sie adeliger Herkunft waren, wie vereinzelt überliefert wird, ist eine weitere Ungewissheit, die wohl kaum noch geklärt werden kann.

In den Hanserecessen ist nicht nur allgemein von Seeräubern die Rede, sondern von „Vitallyenbroders in der Ostsee", „Vitallienbroders in der Westsee, besonders in Friesland", „de Vitalien in Vrezlanden unde in Hollandessiden" und von „nyne Vytalgen Broders, noch andere Rovere". Daran wird zum einen deutlich, dass die Schiffsbesatzungen selbst von ihren „Gegnern" als Bruderschaften, also als organisierte Vereinigungen angesehen wurden. Zum anderen ist dies eine Bestätigung dafür, dass zumindest ein Teil dieser Gruppen nach Beendigung ihrer legalen Auftragstätigkeit in der Ostsee und der anschließenden Vertreibung ein neues Betätigungsfeld in der Nordsee fand.

An ihrer Organisationsform wird sich nichts geändert haben. Ihre Tätigkeit war jedoch eine andere, denn sie waren nun vollständig auf sich allein gestellt. Sie hatten das Recht nicht mehr auf ihrer Seite, wenn sie Handelsschiffe kaperten; sie waren nur noch „Privatleute". Jedenfalls sah die Hanse das aus verständlichen Gründen damals so. Das sächsische Recht, das die Hamburger anwandten, sah als Strafe für Seeraub die Enthauptung vor. Dass danach verfahren wurde, zeigen z. B. die Emder Verhandlungen nach der Schlacht auf der Osterems und die daraufhin vorgenommenen Hinrichtungen. Überfälle in einer Fehde blieben dagegen im Allgemeinen straflos, denn Raub und Brand waren selbstverständliche Mittel bei kriegerischen Auseinandersetzungen.

Es ist unbestritten, dass die ostfriesischen Häuptlinge bei ihren Fehden ganz gerne auf die Hilfe der Seeräuber zurückgriffen. Die Vitalienbrüder waren kampferprobt und sicherlich nicht abgeneigt, hin und wieder ein Zubrot zu verdienen. Abgesehen davon waren sie allein schon als Gegenleistung für die ihnen gewährte Unterkunft verpflichtet, ihre „Gastgeber" zu unterstützen. Bei ihren Landaufenthalten und bei diesen Auseinandersetzungen kamen sie selbstverständlich auch mit den Einwohnern und den Leuten der Häuptlinge zusammen, so dass sich daraus nähere Bekanntschaften oder Kameradschaften entwickelten. Und wenn Störtebeker schon in der Sage angedichtet wird, er sei mit einer Häuptlingstochter der tom Broks verheiratet gewesen, ist davon auszugehen, dass die Seeräuber und die Landestöchter sich ab und an tatsächlich etwas näher gekommen sind.

Solche Verbindungen waren für die Vermarktung der angelandeten Waren überaus nützlich. Sie führten aber sicherlich auch dazu, dass die einheimischen Männer sich ihrerseits tatkräftig an den Aktionen auf See beteiligten. Nicht ohne Grund mussten sich 25 Friesen in Emden vor den hanseatischen Richtern verantworten, auch wenn sie behaupteten, zum Mitmachen gezwungen worden zu sein. Auch die Holländer und die Friesen, die 1401 in Hamburg bewacht bzw. verwahrt wurden, werden keineswegs unbeteiligt an den Überfällen auf die Handelsschiffe gewesen sein.

Die Fehden der friesischen Häuptlinge, die Streitereien der verschiedenen Bevölkerungsgruppen, die Überfälle auf See gegen die hanseatischen, aber auch gegen holländische und englische Schiffe sind nicht nur auf Expansions- oder Machtbestrebungen, sondern vielfach darauf zurückzuführen, dass ihre Betreiber in ihren Rechten beeinträchtigt wurden oder dies subjektiv so empfanden. Und die Anlässe zu solchen Auseinandersetzungen konnten sehr vordergründig sein, so dass die Grenzen zwischen fehderechtlich gedeckten Seeraubfällen und Kaperungen nicht von vornherein klar abzustecken waren. Aus diesen Gründen können viele der überlieferten Seeraubfälle rückblickend durchaus als legal eingeschätzt werden.

Mittlerweile beurteilen auch die Hamburger die Überfälle Störtebekers, Gödeke Michels und der Vitalienbrüder, die „schlimmsten Seeräuber aller Zeiten, die vor Mord und Totschlag nicht zurückschreckten", wesentlich differenzierter. In dem Informationsblatt der 2001 vom Museum für Hamburgische Geschichte organisierten Sonderausstellung „Gottes Freund – Aller Welt Feind" wird eingestanden, dass zumindest die von den Hansestädten beherrschte Geschichtsschreibung kein gutes Haar an ihnen gelassen hat und dass sie von allen miteinander Krieg führenden Parteien für die jeweils eigenen Ziele eingespannt wurden.

Weiter heißt es: „Von den Mecklenburger Herzögen, von der dänischen Königin, von den Grafen in Holland und Oldenburg oder auch von Häuptlingen Ostfrieslands wurden sie benutzt, mit Kaperbriefen ausgestattet und als Söldner, die sich ihren Lohn selber nehmen mussten durch Beraubung des Feindes, in die See geschickt. Bald handelten sie, in großen Gruppen organisiert, gemeinsam Friedensverträge aus. Sie bildeten eine Bruderschaft, die der Vitalienser, um nicht mit gewöhnlichen Seeräubern, die nur auf Bereicherung aus waren, in einen Topf geworfen zu werden. Es hat ihnen wenig genützt. Wenn sie nicht mehr gebraucht wurden, entzog man ihnen die Kaperbriefe wieder und machte sie erst rechtlos, um sie dann umso leichter als Verbrecher jagen zu können. Die Jäger haben kein Feindbild der Gesellschaft ausgelassen, um die Gejagten auf dem Wege vom Leben zum Tode noch zu dämonisieren."

Diesem „neuen Bild von Störtebeker" ist nichts hinzuzufügen.

Eines der zahlreichen Sandstein-Reliefs, die im Turmmuseum zu bewundern sind

Vorlage für das Störtebeker-Bildnis: Holzschnitt von Hans Burgkmair

Störtebeker in der Literatur und auf der Bühne

Von der Chronik bis zu den Freilichtspielen

Wie in dem Abschnitt „Der späte Ruhm eines Seeräubers" schon erwähnt wurde, ist über die Vitalienbrüder und die Liekedeler viel geschrieben worden. Dies gilt insbesondere für Störtebeker.

Zu Störtebekers Mythos haben neben der frühen Erwähnung in den Chroniken und den daraus hergeleiteten mündlichen Überlieferungen und Sagen, die immer mehr ausgeschmückt wurden, besonders Romane und Abenteuergeschichten, aber auch Theaterstücke beigetragen. Der Grund hierfür wiederum wird in erster Linie darin liegen, dass in „Störtebeker" (abgeleitet von einem Trinkbecher mit Deckel = Stürze) ein hünenhafter Seebär gesehen wurde, der wie kaum ein anderer in der Lage war, einen riesigen Becher in einem Zuge zu leeren. Hinzu kam, dass die bildlichen Darstellungen, die mit Störtebeker – also nicht mit Gödeke Michel, Magister Wigbold oder anderen ebenfalls namentlich von den Chronisten erwähnten Seeräubern – in Verbindung gebracht wurden, die Phantasie zusätzlich anregten.

Welche Fülle von Büchern und Zeitschriften sich mit dem Thema Störtebeker auseinander setzen, mag das Literaturverzeichnis verdeutlichen. Dabei stellt es nur eine persönliche Auswahl des Verfassers dar. Viele Abhandlungen in landeskundlichen Veröffentlichungen, Schulbüchern und Sagensammlungen sowie unzählige Artikel in Zeitungen und im Internet konnten nicht berücksichtigt werden, um den Rahmen nicht zu sprengen. Auch die nachfolgenden Ausführungen und Textauszüge können nur beispielhaft sein. Romane stillen in erster Linie das Unterhaltungsbedürfnis des Lesers, aber sie orientieren sich in ihren Handlungen auch – mal mehr, mal weniger – an den geschichtlichen oder realen Hintergründen. Dabei lassen sie dem Autor jegliche Freiheit, die Eigenschaften seiner Helden auszuschmücken. Dies gilt insbesondere für die Jugendromane. In ihnen wird die Vorstellungskraft des jugendlichen Lesers angeregt, er kann sich mit seinen Helden identifizieren, kann sich in sie hineinversetzen und ihre Abenteuer nachvollziehen.

Etwas schwierig ist dies allerdings bei den älteren Romanen, z. B. „Claus Störtebecker" von Georg Engel, dessen schnörkelhafte Schilderungen den jüngeren Lesern nicht immer verständlich sind, oder „Klaus Störtebecker", eine Sage von Thilo Scheller sowie „Godekes Knecht" von Hans Leip, der auch das Lied von der Lili Marleen schrieb. Im Nachwort erläutert Leip, damit der Leser „ab und an nicht ins Leere wegzufallen droht", die Zeit um 1400:

„Um das abbröckelnde lateinische Weltreich der Kirche streiten sich drei Päpste. Deutschland hat keinen Kaiser. Die drei norwegischen Reiche vereinigt ein tatkräftiges Weib, die schwarze Margret, unter dem dänischen Zepter. Im übrigen purzelt ein bunter Flickenkasten kleiner Herrschaften durcheinander. Das Schießpulver ist erfunden. Die Geldwirtschaft beginnt. Adel und Geistlichkeit stehen in Gefahr, vor der Macht der Kaufmannschaft zu verblassen."

Der Vergleich mit dem Flickenkasten trifft in der Zeit Störtebekers auch und insbesondere für Ostfriesland zu, wenn man an die Häuptlingsherrschaften denkt.

Bereits in den Jahren 1878 bis 1895 hat sich Theodor Fontane intensiv mit der Störtebeker- und Häuptlingshistorie auseinander gesetzt, indem er an einem Roman über die Liekedeler arbeitete. Den Anstoß dazu gaben sicherlich seine Erinnerungen an die „Störtebeker-Kuhle" auf Usedom, die er in seinem autobiografischen Roman „Meine Kinderjahre" schildert, und die Anregungen holte er sich in Ostfriesland bei einem Besuch auf Schloss Lütetsburg und in Marienhafe. Wie Fontane selbst schreibt, solle der Roman von allem abweichen, was er bisher geschrieben habe. Er denke an eine phantastische und groteske Tragödie, die, an den Ort Marienhafe anknüpfend, Leiden und Freuden, Leben, Tod und Höllenfahrt der Vitalienbrüder unter ihrem viel genannten Führer Klaus Störtebeker behandeln solle. Aus dem gesammelten Material entwarf er sogar eine Quade-Foelke-Novelle.

Leider konnte er weder den Roman noch die Novelle beenden, er starb 1898. Sicherlich hätte sein Werk den Bekanntheitsgrad Störtebekers und der Liekedeler noch gesteigert und zur weiten Verbreitung der ostfriesischen Häuptlingsgeschichte beigetragen. Thomas Mann schreibt in „Rede und Antwort" zu Fontanes Plänen: „Wären die ‚Likedeeler' geschrieben worden, so besäßen wir heute den historischen Roman von höchstem poetischen Rang, den Frankreich in ‚Salambo', Belgien im ‚Ulenspiegel' besitzt. Es sollte nicht sein."

„Leichtere Kost" zum Thema Störtebeker wurde aber schon Ende des 19. Jahrhundert angeboten, und zwar durch so genannte Kolportageromane. Diese wurden von Hausierern als „Groschenhefte" verkauft und – wenn die Sammlung vollständig war – häufig eingebunden.

So erschien um 1880 ein 1600 Seiten umfassender historischer Volksroman von George F. Born (Georg Füllborn) unter dem Titel „Claus Störtenbeker – Der Seeräuber, Admiral und König des Meeres", in dem ausführlich dessen Abenteuer geschildert werden. Der Roman schließt: „In der Stadt aber dauerte das Fest der Besiegung der Seeräuber bis tief in die Nacht und laut ertönten die Rufe: ‚Heil Dir, Du alte, mächtige Hansestadt! Heil Dir, Hamburg!'."

1908/09 wurden vom Berliner Verlagshaus für Volksliteratur und Kunst 60 32seitige 10-Pf.-Hefte mit jeweils in sich abgeschlossenen Erzählungen über Störtebeker herausgegeben. Der Verlag preist die Sammlung, die etwas später in 54 20-Pf.-Heften herausgegeben wurde, wie folgt an: „Wie Schwertgeklirr und Wogenprall hallt noch heute allerorten der Name des kühnen, ruhmreichen Seehelden Klaus Störtebecker. Gleich einem Zauberworte wirkt er und führt uns die Bilder einer kampfreichen, eisernen Zeit vor das geistige Auge ...". Die letztgenannten Hefte sind auch heute wieder als Nachdruck erhältlich.

Max Wing bearbeitete „nach Chroniken, Akten und Dokumenten" einen 2400 Seiten umfassenden Roman mit dem Titel „Klaus Störtebecker – Die Liebe des Seeräubers", der in 100 wöchentlich erschienenen Heften zu je 24 Seiten herauskam. Im ersten Heft wird gefragt „Wer kennt nicht den Namen dieses kühnen Freibeuters?", um dann die Antwort zu geben: „Eines Tages tauchte er auf und schwang sich durch seinen beispiellosen Mut zum Herrn der Nord- und Ostsee auf. Niemand wusste, woher er kam, noch wer er eigentlich war. Aber die reichen Händler und Wucherer erzitterten vor seinen Taten. Klaus Störtebecker errichtete das Gesetz der Likedeeler, der Gleichteiler: ‚Was dein ist, das gehört auch mir, und was mein ist, gehört dir!!!'."

Diese Fortsetzungshefte wurden sicher nicht nur von Erwachsenen, sondern auch von Jugendlichen gelesen, ebenso wie die „klassischen" Jugendbücher „Die Vitalienbrüder" von Willi Bredel, „Klaus Störtebeker" von Wilhelm Lobsien bzw. Gustav Schalk sowie „Gottes Freund und aller Welt Feind" von Boy Lornsen, wovon es auch eine Schulausgabe mit Lehrerbegleitheft gibt.

Bredel schrieb seinen Roman 1940 in Moskau, wo er auf alte deutsche Städtechroniken stieß, die ihn anregten, über die „verwegenen Seepiraten der Ost- und Nordsee, die Vitalienbrüder und Likedeeler", zu schreiben. Hier ein Auszug, der die Gesinnung des Autors andeutet:

„Störtebeker war nicht nur der Herr auf dem Meere, er hatte den ersten Schritt an Land getan an der Friesenküste. Im Bunde mit Keno ten Broke und dem Propst Hisko von Emden träumte er von freien Bürgerstädten. Mit seiner Hilfe sollten die Städter in Bremen und Hamburg, Stade und Verden das verhasste Regiment der Patrizier stürzen. So suchte er seinen Unternehmungen einen Sinn zu geben."

Die Norder Teefirma Onno Behrends führte die junge Kundschaft 1938 mit dem Sammelalbum „Bilder um Störtebeker" an das Thema heran, allerdings aus dem Blickwinkel eines jungen Hanseaten mit „echtem Kaufmannsgeist". Wie es im Nachwort heißt, entstand der gedankliche Entwurf der Bildserie in der Störtebekerkammer des „wackeren alten Turms zu Marienhafe".

Der Cartoonist Harm Bengen verfasste 1992/93 eine locker erzählte, aber spannende Bildergeschichte in Buchform, nicht als Comic im herkömmlichen Sinne, sondern als „Skizzenbuch der letzten zehn Lebensjahre des bekanntesten deutschen Piraten, wie sie verlaufen sein könnten oder tatsächlich verlaufen sind". Klaus Grobys hat die ebenso interessanten „Abenteuer Klaus Störtebekers zwischen Nord- & Ostsee" dagegen ab 1994 als Comic-Hefte (zunächst in einer Piccoloserie in 30 und später als Kleinbandreihe in 15 Heften) herausgegeben. Beide Zeichner orientieren sich bei ihren Bildern und den Sprechblasendialogen an dem historischen Hintergrund der Geschichte.

Aus der Reihe von Sachbüchern sei auf „Störtebeker & Co." von Dieter Zimmerling und besonders auf „Die Vitalienbrüder" von Matthias Puhle hingewiesen. Zimmerling beschreibt in lockerer Art, von Erzählungen durchsetzt, das gesamte

Spektrum der Seeräuberei auf den Handelsmeeren zur Zeit Störtebekers. Puhle hält sich bei seiner ausführlichen Beschreibung der Geschichte der Vitalienbrüder, von ihren Auftragseinsätzen in der Ostsee über die Vertreibung in die Nordsee und ihren Verbindungen zu den ostfriesischen Häuptlingen bis zu ihrer Bekämpfung durch die Hanse, an die geschichtlichen Tatsachen. Dabei geht er auch ausführlich auf die historischen Überlieferungen und die Bildung von Legenden zu Störtebeker ein. Zur Geschichte der Hanse geben die Bildbände „Die Hanse" von Karl Pagel, neu bearbeitet von Fr. Naab, und „Die Hanse – Geschichte und Kultur" von Johannes Schildhauer einen umfassenden Überblick.

Während den Romanschriftstellern, Erzählern, Dramatikern und Liedertextern jede Menge dichterischer Freiheit zugestanden wird, sind den Historikern und Wissenschaftlern engere Grenzen gesetzt. Sie haben sich an Fakten zu halten, neue Erkenntnisse zu sammeln und zu interpretieren oder alte zu widerlegen. Häufig führen die daraus resultierenden unterschiedlichen Ansichten und Behauptungen jedoch dazu, dass sie insbesondere dann, wenn sie auf dünnen Fakten beruhen, nicht mehr überschaubar sind.

So ist es nicht verwunderlich, wenn Störtebekers unrühmlicher Abgang vielfach schon in das Jahr 1400 oder erst nach 1402 verlegt wird. Ebenso wenig darf es erstaunen, dass eine ganze Reihe von Städten oder Orten Anspruch darauf erheben, als Störtebekers Geburtsort zu gelten.

Eine der ältesten und zugleich eine der umfangreichsten Arbeiten, die über die Vitalienbrüder geschrieben wurden, ist die von Johannes Voigt, 1841 in einer historischen Taschenbuchreihe von Friedrich Raumer unter dem Titel „Die Vitalienbrüder" herausgegeben. Auf knapp 160 Seiten schildert Voigt ausführlich die Geschichte ihrer Entstehung, Entwicklung und Bekämpfung und beschreibt dabei auch das historische Umfeld.

1847 erschien in der „Zeitschrift des Vereins für hamburgische Geschichte" ein Aufsatz von J. C. M. Laurent mit Zusätzen und Ergänzungen von J. M. Lappenberg unter dem Titel „Klaus Stortebeker". Laurent konnte bei seinen Recherchen auf die Hamburger Stadtkämmerei-Rechnungen zurückgreifen und daraus wichtige Erkenntnisse für seine Arbeit gewinnen. In erklärenden Beilagen zitiert er aus den wichtigsten Chroniken und betrachtet diese

zum Teil kritisch. Ferner geht er auf Störtebekers Bedeutung und auf die „Unächtheit der Abbildungen Stortebekers" ein und befasst sich mit Simon von Utrecht, um „seinen Ruhm ungeschmälert zu bewahren". Die Aufzeichnungen und Erklärungen von Laurent und Lappenberg sind zweifelsohne als besonders wichtige Grundlage für spätere Abhandlungen anzusehen.

Auch Karl Koppmann, der die Hanserecesse maßgebend bearbeitet hat, setzte sich damit auseinander. Koppmann stand für die Herausgabe des 4. Bandes der Hanserecesse derart viel Urkundenmaterial zur Verfügung, dass er sich aus Gründen der Übersichtlichkeit genötigt sah, die Geschichte der Vitalienbrüder in der Einleitung, nach Zeitabschnitten unterteilt, bis zum Jahr 1400 zusammenzufassen.

Da die Urkunden, die sich mit der Seeräuberei befassen, speziell aufgeführt sind, kann darauf gezielt zurückgegriffen werden. Mit dem Thema „Der Seeräuber Klaus Störtebeker in Geschichte und Sage" befasste Koppmann sich außerdem noch in einer Abhandlung, die 1877 in den „Hansischen Geschichtsblättern" veröffentlicht wurde. Auch die Bedeutung dieser Arbeit ist ohne Einschränkungen zu würdigen.

Einen besonderen Beitrag zur Aufarbeitung der hansisch-friesischen Geschichte hat H. Nirrnheim in seiner 1890 herausgegebenen Dissertation „Hamburg und Ostfriesland in der ersten Hälfte des 15. Jahrhunderts" erbracht. Er geht darin ausführlich auf die Verbindungen der Vitalienbrüder zu Friesland ein und beschreibt die daraus entstandenen Konflikte mit der Hanse sowie die internen Kämpfe der ostfriesischen Häuptlinge um die Vorherrschaft im Lande.

Zu der aus den Konflikten resultierenden Besetzung Ostfrieslands durch die Hamburger stellt er in seinem Schlusswort fest:

„Was man in früheren Jahrzehnten wieder und wieder ohne Erfolg bekämpft hatte, es war durch das hamburgische Unternehmen mit einem Schlage beseitigt. Verschwunden waren die Vitalienbrüder aus Friesland, vernichtet ihre Gönner, verstummt die Klagen, die ehemals auf den Hansetagen fortwährend ertönten. So war der Zweck der gewaltigen Expedition erreicht, und er blieb im wesentlichen erreicht, solange die hamburgische Herrschaft sich behauptete."

*„Der Störtebeker-Hafen", gezeichnet nach einer Vignette des Norder Heimat-Vereins von L. Agena '34,
zu sehen im Turmmuseum in Marienhafe*

Der Oberlehrer Hans-Christian Cordsen aus Hamburg befasste sich 1908 in seiner Doktorarbeit mit der Geschichte der Vitalienbrüder im Ostseeraum, mit ihren „Mitgliedern", ihren Angriffen auf die norwegische Stadt Bergen und mit den Quellen zu diesen Geschehnissen. Hervorzuheben sind seine Ausführungen zur Frage der Herkunft der Bezeichnungen „Vitalienbrüder" und „Liekedeler".

Über die „Vitalienbrüder in Oldenburg" während der Zeit von 1395 bis 1433 schrieb Josef Wanke aus Schnelten in seiner Dissertation, die 1911 veröffentlicht wurde. Wanke stellt einleitend zur Ausdehnung des Hansebundes fest:

„Ein Kranz blühender Hansestädte umgab von Reval an bis Brüssel nacheinander die Ost- und Westsee. Aber eine Lücke zeigte sich in dieser Kette: zwischen Weser und Ems. In diesem Gebiete, in den Territorien Oldenburgs und Ostfrieslands hat keine einzige Stadt dem seebeherrschenden Bunde angehört. Es ist dies gewiß eine merkwürdige Tatsache in der hansischen Geschichte, sie mag begründet sein in der Natur des Landes und in dem Charakter seiner Bewohner. Für die Hanse aber war es von Wichtigkeit, gute Beziehungen zu den Bewohnern dieser Gegend zu haben; führt doch der Seeweg von Hamburg nach Flandern hier vorbei. Aber nicht selten wurden diese Beziehungen gestört, sehr stark in der ersten Hälfte des 15. Jahrhunderts nach dem Auftreten der Vitalienbrüder in der Nordsee."

1931 schrieb Fritz Teichmann aus Bunderneuland ebenfalls eine Doktorarbeit über die Vitalienbrüder. Er befasste sich darin insbesondere mit den nordischen Thronwirren als Ursache der Verwicklungen zwischen den hansischen Seestädten und den Vitalienbrüdern, den Vermittlungsversuchen der Hanse zwischen Mecklenburg und Schweden sowie mit der Vertreibung der Seeräuber durch den Deutschen Orden.

Die über Störtebeker und Gödeke Michel verbreiteten Sagen regten Annelise Blasel aus St. Ludwig/Elsass zu ihrer Inaugural-Dissertation an. Für ihre Arbeit „Klaus Störtebecker und Gödeke Michael in der deutschen Volkssage", die 1933 veröffentlicht wurde, benutzte sie Sammlungen aus Privatarchiven, aber auch ältere Überlieferungen. Akribisch untersucht sie die Gemeinsamkeiten und die Abweichungen der verschiedenen Sagen und stellt sie nach Art und Inhalt gegenüber. Zusammenfassend stellt sie fest:

„Tief im Volke verwurzelt lebt das Andenken Störtebeckers als eines zwar rauhen, gefährlichen, aber doch gütigen Mannes. Der Räuber wird gewalttätig, brutal geschildert, er schont weder Gut noch Menschen. Der Mensch Störtebecker ist hilfreich und mildtätig, er schädigt die Reichen und beschenkt die Armen, und dieser Zug macht ihn dem Volke ganz besonders sympathisch ... Das soziale Gerechtigkeitsempfinden kann es nicht ertragen, dass er einer Übermacht zum Opfer fällt; nur feige List kann den Unüberwindlichen besiegen, und noch im Tode zeigt sich sein Kameradschaftsgefühl, indem er einige seiner Gefährten rettet ... Gödeke Michael steht ganz im Schatten Störtebeckers; er gehört zwar mit ihm zusammen, manche Sage berichtet sogar nur von ihm, doch im Vordergrunde bleibt die beliebte Gestalt Störtebeckers."

„Über Handel und Seeraub im 14. und 15. Jahrhundert an der ostfriesischen Küste" dissertierte Ute Scheurlen aus Wilhelmshaven 1974. Sie unterscheidet in ihren umfangreichen Untersuchungen zwei Seeräubergruppen: die heimischen Ostfriesen und die landfremden Vitalienbrüder und sie differenziert bei den Motiven nach politischen und sonstigen Gründen und bei den Handlungen nach durch Fehden gerechtfertigten bzw. strafbaren Raubüberfällen. Ferner geht sie der Frage nach, inwieweit der Seeraub für die Versorgung der Ostfriesen und der Vitalienbrüder mit Handelsgütern von Bedeutung war, und sie versucht, den Verbleib der geraubten Güter bzw. der daraus erzielten Gewinne zu klären. Dabei geht sie auch auf die jeweiligen politischen Verhältnisse ein. Sie kommt zu dem Ergebnis, dass die Raubfälle in den ersten neun Jahrzehnten des 14. Jahrhunderts keine nennenswerte Bedeutung hatten und fährt dann fort:

„Mit dem Auftauchen der Vitalienbrüder änderte sich dann die Situation. Aus der Darstellung der einzelnen Raubfälle geht hervor, dass das Raubgut vor allem zum Unterhalt der Scharen von landfremden Seeräubern nötig war und die Wegnahme von den Häuptlingen darum geduldet wurde. Rechtlich gesehen musste den Häuptlingen der Vorwurf der Begünstigung gemacht werden. Die Fälle, in denen sie selbst durch das Fehderecht zur Wegnahme berechtigt waren, sind in der Minderzahl. Häufig wurde das Raubgut ganz oder teilweise zurückgewonnen. In vier Fällen wurden die Ostfriesen selbst geschädigt. Die größten Raubüberfälle wurden durch

die Vitalienbrüder verübt, für die das Versorgungs-
problem zwingend war. Da ihnen zum großen Teil
kostbare hansische Handelsgüter in die Hände fielen,
werden sie keine Not gehabt haben, diese an der
Küste abzusetzen."

Abschließend stellt U. Scheurlen fest, die Ost-
friesen hätten durch Raubgut keinen nennenswerten
Gewinn erzielt; vielmehr möchte man sagen, der
geordnete Handelsverkehr an der ostfriesischen
Küste und auf den Binnengewässern habe ihren
Wohlstand begründet.

Wie dem auch sei – die spätmittelalterlichen
Räubereien Störtebekers und der Vitalienbrüder wir-
ken jedenfalls bis heute nach. Dies gilt auch für die
Welt des Theaters.

Bereits 1701, 300 Jahre nach Störtebekers Hinrichtung, wurde in Hamburg das zweiteilige Singspiel
„Störtebeker und Jödje Michaels" von Reinhard
Keiser über das Seeräuberleben, die Gefangennahme
und die Hinrichtung der beiden gefährlichen Feinde
der Hansestadt uraufgeführt. Schauplätze sind u. a.
Friesland, Stavern und Hamburg.

1725 wurde das Stück „Die bekannten Seeräuber
Claus Störzenbecher, Gädche Michael, Wiegmann
und Wiegbold, wie dieselben in dem heiligen Lande
gefangen genommen, in Hamburg auf dem Grasbrook nebst 150 Mann zu öffentlicher Execution
gebracht worden sind" von Johann Gottlob Försters
„Hochdeutscher Komödianten-Kompanie" aufgeführt. Im Oktober 1739 gelangte ein Störtebeker-
Stück unter Johann Carl v. Eckenberg im Hamburger
Theater in der Fuhlentwiete zur Aufführung.

1783 folgte das Drama „Claus Storzenbecher – Ein
vaterländisches Trauerspiel in fünf Aufzügen aus der
ersten blühenden Zeit des Hanseatischen Bundes"
von B. C. d'Arien. Das ebenfalls in Hamburg urauf-
geführte Stück, das den Konflikt Störtebekers mit der
Hanse, seine Gefangennahme und seine Verurteilung
behandelt, wurde 1819 nochmals gezeigt.

Mit den gleichen Themen befassen sich die
Dramen „Klaus Storzenbecher" von J. F. E. Albrecht
(1904) und „Claus Störtebeker, oder: Die Seeräuber auf Heiligland" von Georg N. Bärmann,
die in der ersten Hälfte des 19. Jahrhunderts ebenfalls
in Hamburg aufgeführt wurden. Auch die aus dem
Französischen übersetzte Oper „Claus Störtebeker,
der Fürst des Meeres" von Jean François Tassard,
Musik von Aug. M. Canthal (1851), wurde in Hamburg dargeboten.

In Leipzig wurde 1906 ebenfalls ein Störtebeker-
Drama uraufgeführt. Das Stück von Rolf W. Martens
mit dem Titel „Störtebecker – Tragödie in fünf
Akten" spielt in Ostfriesland und vor Helgoland und
behandelt Störtebekers Konflikt mit einem Ost-
friesenhäuptling und den Hamburgern sowie seine
Gefangennahme.

Das 1927 unter der Regie von Erwin Piscator von
der Berliner Volksbühne aufgeführte Stück „Gewitter
über Gotland" sorgte für Aufregung, weil die Hand-
lungsdeutung aus dem Mittelalter in die Gegenwart
hineingetragen wurde. Heinrich George verkörperte
Störtebeker und Alexander Granach trat in der
Maske Lenins auf. Zunächst wurde der Regisseur
gefeuert und später das Stück abgesetzt. Der Autor
Ehm Welk schreibt 1960 rückblickend: „Es war
gefährlich geworden. Die das Stück begruben, waren
1918 auch die Totengräber der Revolution gewesen.
1933 durften sie sich dann gegenseitig abschaffen.
Der Störtebeker und seine Gleichteiler aber leben
noch immer. Und werden weiterleben, bis in allen
fünf Erdteilen im letzten Dorf der letzte Mensch
erkannt hat, was das ist: eine räuberische Gesellschaft."

Wann und wo die in den 1920er Jahren geschriebenen Dramen „Claus Störtebecker" von Margarethe von Gottschall und „Klaus Störtebeker – Plattdeutsches Volksstück in 3 Uptäg" von Fritz Worm
aufgeführt wurden, ist unklar. „Dat Musfallnspill –
Een Störtebecker-Spill in drei Akten un een Wort
vorup" von Heinrich Diers behandelt die Bedrohung
Störtebekers durch die Bremer. Es kam 1932 in
Hamburg und 1936 in Oldenburg zur Aufführung.

Erich Hagemeisters „Karsten Sarnow", ein Drama
in 5 Akten, das im Jahre 1933 in Schwerin gezeigt
wurde, beschreibt den Kampf der Hanse gegen die
Liekedeler.

In Hamburg wurde 1936 das niederdeutsche
Drama „Klas Störtebeker" von Adolf Feldvoß gezeigt, und im Stadtteil Bergedorf wurde 1937 das
Freilichtspiel „Klaus Störtebeker" von Otto F. Grund
aufgeführt.

Das plattdeutsche Stück „De Liekedeeler" von
Theodor Prahm handelt von den Abenteuern
Störtebekers in Ostfriesland bis zu seiner Gefangen-
nahme. Schauplätze sind Marienhafe und Engerhafe.
Es wurde 1952 in Leer uraufgeführt.

Das Seeräuberleben Störtebekers wird auch in den
Theaterstücken von Ernst Behrens und Hans Leip,

die beide den Titel „Störtebeker" tragen, beschrieben. Zu Terminen und Orten fehlen nähere Angaben. Das Störtebeker-Drama von Hermann Boßdorf blieb leider unvollendet.

Die dramatische Ballade „Klaus Störtebeker" von Kurt Barthel (KuBa) wurde erstmals am 16. August 1959 in großer Besetzung im Rahmen der Rügen-Festspiele auf der Freilichtbühne in Ralswiek dargeboten. Die politische Richtung des Stückes wird schon durch das Grußwort des Schirmherrn, Alexander Abusch, Minister für Kultur der DDR, deutlich, indem er schreibt: „Große fortschrittliche Begebenheiten, wahre Helden des Volkes aus unserer nationalen Geschichte werden in der Form großer Volks-Massenspiele zu neuem künstlerischen Leben erweckt. Die Werktätigen des Gebietes, in dem einst diese Volkshelden kämpften, wirken als Sänger, Tänzer, Schauspieler, Reiter und Schiffleute in diesem Spiel mit. Hier haben wir das bisher größte Unternehmen einer engen schöpferischen Zusammenarbeit von Künstlern und Werktätigen zur Gestaltung des neuen Inhalts und neuer Formen unserer sozialistischen Kunst." Wiederaufführungen gab es 1960 und 1961.

1980 und 1981 folgten weitere Aufführungen auf der Ralswieker Freilichtbühne, ohne dass sich an den ideologischen Hintergründen etwas geändert hätte. Im Programmheft heißt es: „Die Darsteller der einzelnen Rollen erscheinen auf der Bühne als Delegierte der versammelten Volksmenge – Gewählte eher als Auserwählte –, ob sie nun ‚die Guten' oder ‚die Bösen' verkörpern ...".

Nach der Wende setzte Intendant Peter Hick die Tradition der Störtebeker-Festspiele auf Rügen fort – allerdings frei von jeglicher Ideologie. Mit gewaltigem persönlichem Engagement und finanzieller Einsatzbereitschaft ist es ihm und seiner Frau trotz ihnen vielfach entgegengebrachter skeptischer „Zurückhaltung" und mancher zu umfahrender Klippe gelungen, den maroden Vorstellungsplatz gründlich zu sanieren. So konnte vom 3. Juli bis 29. August 1993 das von Rudi Strahl entworfene erste Stück „Wie einer Pirat wird" mit vielen spektakulären Actionszenen unter der Regie von Roland Oehme über die ideal gelegene Naturbühne gehen. Wegen der anhaltenden positiven Zuschauerresonanz folgten 1994 „Kampf um Stockholm", 1995 „Sturm auf Gotland", 1996 „Piraten der Westsee", 1997 „Das Schwert des Henkers", 1998 „Gesprengte

Ketten", 1999 „Die Vitalienbrüder", 2000 „Die Kreuzritter", 2001 „Hamburg – Hanse – Henker", 2002 „Die Strandräuber" und 2003 „Der Wolf der Meere".

Ein von Georg Harms, Wilhelmshaven, für die Freilichtbühne in Wiesmoor geschriebenes plattdeutsches Drama „Klaus Störtebeker" erzählt vom Werdegang Störtebekers als Liekedeler bis zu seiner Hinrichtung. Das Stück, das Anfang der 60er Jahre fertig wurde, kam jedoch nicht zur Aufführung.

Nicolaus Uphoff schrieb ein 1988 herausgegebenes dramatisches Bühnenstück mit dem Titel „Störtebeker", das von Bernd Hermann ins Plattdeutsche übersetzt wurde. Es handelt von Störtebekers Liebe zu einer Hamburger Patrizierin.

In der Clüver'schen Gulfscheune in Pilsum (Krummhörn) wurde 1991 das von Markus Kosuch geschriebene Musical „Störtebeker" in plattdeutscher Übersetzung der örtlichen Theatergruppe uraufgeführt. 1992 folgten weitere Vorstellungen. Störtebeker wird hier nicht als Held dargestellt, vielmehr wird eine Geschichte von Menschen mit Sehnsüchten, Hass und Ängsten in der mittelalterlichen Zeit mit offener Gewalt und versteckter Unterdrückung dargeboten.

Ebenfalls 1991 wurde vor dem Schloss in Jever „Störtebeker und Konsorten – ein musikalisches Spektakel in 3 Akten" von Dieter Jorschik gezeigt. Den musikalischen Teil steuerte Matthias Siebert bei. Das vom Autor auch als „Mord(s)spaß" titulierte Stück schildert Störtebekers „Erlebnisse" bis zu seiner Flucht vor den Hanseaten – auf dem Motorrad. 1998 wurde in Husum die Piratenrevue „Klaas Störtebeker" von Joachim Tettenborn mit Kompo-

Zu Füßen des Störtebekerturmes fanden die Freilichtspiele in Marienhafe statt

sitionen von Andrew Hannan aufgeführt. Das Stück handelt von den Machtkämpfen der Ostseeländer und den Bemühungen Störtebekers, die Grenze zwischen Arm und Reich zu verschieben, indem er ein „freies Friesenreich" aufbauen will. Leider wurde der künstlerische Erfolg der Revue durch Witterungs- und finanzielle Probleme überschattet.

In Marienhafe wurde 1996 erstmals ein von Ingo Sax geschriebenes plattdeutsches Theaterstück in Szene gesetzt. „Störtebeker – Fört 't lieke Deel" schildert vor dem Hintergrund der ostfriesischen Häuptlingsgeschichte die Beziehungen der hier aufgenommenen „Liekedeler" zur einheimischen Bevölkerung und die Auseinandersetzungen mit der Hanse. Die Freilichtspiele wurden mit den Stücken „Störtebeker – Een för all un all för een" (1999) und „Störtebeker – Gold, Füür un Isen" (2002) fortgesetzt. Die Regie der von der Arbeitsgemeinschaft Ostfriesischer Volkstheater getragenen Veranstaltungen führten Georg Immelmann und Frank Grupe (2002). Spielort war jeweils der Marktplatz mit dem mächtigen Störtebekerturm als Kulisse.

Quellen- und Literaturverzeichnis

Adelungh, W. H.	Kurtze historische Beschreibung der uhr-alten Handels-Stadt Hamburg, Hamburg 1696
Anonymus	Bilder um Störtebeker – Onno-Behrends-Sammelalbum, Norden
Anonymus	Die Vitalienbrüder – Übers. von G. Stein aus Civitatis Revalensis
Anonymus	Die Vitalienbrüder oder Geschichte der furchtbaren Seeräuber Klaus Störtebecker und Gödeke Michel, Otterndorf 1861
Anonymus	Die Vitalienbrüder und ihre berühmtesten Hauptleute, Claus Störtebecker und Gödeke Michael, in: Historische Gemälde und Erzählungen merkwürdiger Begebenheiten aus dem Leben berühmter und berüchtigter Menschen, Leipzig 1803
Anonymus	Klaus Störtebecker, der gefürchtete Herrscher der Meere, 60 10-Pf.-Hefte, Berlin 1908-1909; dass. 54 20-Pf.-Hefte
Anonymus	Klaus Störtebeker – Der kühnste Pirat aller Zeiten, 8 50-Pf.-Hefte, Darmstadt
Anonymus	Berühmte Geschichten: Klaus Störtebeker; Sturm vor Dänemarks Küste; Die Rache des Verdammten (Comics), Bergisch Gladbach
Anonymus	Schrecken der Meere – Klaus Störtebeker, der große Seeräuber (Comic), Hannover
Anonymus	Störtenbeker, der größte Seeräuber aller Zeiten, Weißensee
Anonymus	Unsere schöne Sagenwelt, Sammelalbum, Bremen
Bärmann, Georg N.	Hamburgische Chronik, Hamburg 1822
Barth, Friedrich	Betrachtungen zur Geschichte Störtebeckers, in: Heim und Herd 284/1930
ders.	Claus Störtebecker, der Pirat, in: Heim und Herd 84/1931
ders.	Die Vitalienbrüder Ostfrieslands, in: Heim und Herd 141/1931
Baumann, Peter	Abenteuer Hansekogge, Stuttgart 1992
Beerens, Johann	Arne auf der Suche nach Störtebekers Schatz, Weener
Behrens, Ernst	Störtebeker – Drama in dree Akten, in: Nordwind, Itzehoe
Beneke, Otto	Von Klaus Störtebeker und Godeke Michels, in: Hamburgische Geschichten, Hamburg 1914
Bengen, Harm	Störtebeker (Comic), Oldenburg
Beninga, Eggerik	Volledige Chronyk van Oostfrieslant, Emden 1723
ders.	Cronica der Fresen, bearbeitet v. L. Hahn, 2 Bde., Aurich 1961/64
Bents, Harm	Seeräuber oder Hofnarr?, in: Ostfriesland-Journal, Leer 2/1988
ders.	Seeräuberei an der Nordseeküste – Störtebeker und die Vitalienbrüder, in: Newig/Theede (Hg.): Von Seefahrt, Seeräubern und Schiffswracks, Hamburg 2000
ders.	Störtebeker und die Liekedeler, Texte zu den Programmheften der Störtebeker-Freilichtspiele Marienhafe, 1996, 1999, 2002
Beyer, C.	Um Pflicht und Recht – Roman aus der Zeit der Vitalienbrüder, Schwerin
Blasel, Annelise	Klaus Störtebecker und Gödeke Michael in der deutschen Volkssage, Greifswald 1933
Blazejewski, Carmen	Störtebekers Tochter, Hamburg 2001
Boehnche, Heiner	Mit Totenkopf und Enterhaken, Frankfurt
ders.	Schlimme Gauner – schöne Lieder, München 1996
Bohmbach, Jürgen	Quellen zur Hanse-Geschichte, Darmstadt 1982
Bohn, Robert	Piraten – Gesetzlose der Meere, in: Damals, Stuttgart 1/99
Born, George F.	Claus Störtenbeker – Der Seeräuber, Admiral und König des Meeres, u.a. in: Titel, Berlin-Weißensee 1878
Boßdorf, Hermann	Störtebeker – Truerspeel in fief Akten, in: Hamborg de Baas! – Plattdeutsche Dramenfragmente, Hamburg 1938
Botting, Douglas	Die Piraten (Die Seefahrer), Amsterdam 1979

Bracker, Jörgen (Hg.)	Die Hanse – Lebenswirklichkeit und Mythos, Ausstellungskatalog, 2 Bde., Hamburg 1989
ders. u. a.	Gottes Freund – aller Welt Feind – Störtebeker und die Folgen, Hamburg 2001
ders.	Vom Schiffsjungen zum Bürgermeister, vom Kaufmann zum Seeräuber, in: Beiträge zur deutschen Volks- und Altertumskunde, Hamburg 1988
ders.	Mutmaßungen über den sagenhaften Goldschatz des Piraten Claus Störtebeker, in: Beiträge zur deutschen Volks- und Altertumskunde, Hamburg 1991
Brandt, A.von u. a.	Die Deutsche Hanse als Mittler zwischen Ost und West, Köln 1963
Bredel, Willi	Unter Türmen und Masten, Berlin 1977
ders.	Die Vitalienbrüder, Berlin 1950
Bremer, Uwe u. a.	Störtebeker Holzschnitt-Turm, Gifkendorf
Bromund, Dieter	Die Heiligen des Störtebeker, Reinbek 1988
Bruhn, Jürgen	Störtebeker, Hamburg 2000
Buchwald, Christine	Die schönsten Sagen und Märchen von der Waterkant, München 2000
Bühnau, Ludwig	Piraten und Korsaren der Weltgeschichte, Würzburg 1963
Busch, Fritz Otto u. a.	Deutsche Seekriegsgeschichte, Gütersloh
Canzler, Karl Christian	Ueber die Vitalien-Brüder und ihre berühmtesten Hauptleute Claus Stortebeker und Götte Michael, in: Für aeltere Litteratur und neuere Lectüre, Leipzig 1784
Canby, Courtlandt	Geschichte der Schiffahrt, Bielefeld
Chmielewski, Gerald	Hein de Kaptain – Störtebekers Schatz (Comic), Oldenburg 1999
Coldewey, Dettmar	Frisia Orientalis – Daten zur Geschichte des Landes zwischen Ems und Jade, Wilhelmshaven 1967
Confurius, Gerrit	Klaus Störtebeker, in: Unter dem Pflaster liegt der Strand, Bd. 6, Berlin 1979
Cordingly, David u. a.	Piraten – Furcht und Schrecken auf den Weltmeeren, Köln 1997
Cordsen, Hans Chr.	Beiträge zur Geschichte der Vitalienbrüder, in: Jahrbuch des Vereins für mecklenburgische Geschichte, Schwerin 1908
Czibulka, Alfons v.	Klaus Störtebecker und die Vitalienbrüder, in: Velhagen & Klasings Monatshefte, 8. Heft, Berlin 1926
Czöppan, Gabi	Kopflose Abenteuer – Der Mythos Störtebeker lebt, in: Focus 47/1997, München
Daenell, E.	Die Blütezeit der deutschen Hanse, Berlin 1905
Damwerth, Dietmar (Hg.)	Sagen und Märchen aus Ostfriesland, Husum 1997
Deppisch, Walter	Hamburg – deine Denkmäler, Hamburg 1985
Deymann, Ursula	Eine Reise durch Hamburger Museen – Klaus Störtebeker und die Hanse, Hamburg 1992
Dietrich, Fred	Seefahrer und Piraten – Ein Pakt mit Piraten, Gütersloh 1959
Dirx, Jörn-Peter	Piratengeschichten – Klaus Störtebeker und die Vitalienbrüder u. a., Würzburg 1997
Dose, Johannes	Geschichten aus hanseatischer Vergangenheit, Schwerin 1906
Drey, Christoph W.	Störtebeker, der Seeräuber, Lengerich
Dunkmann, Adolf	Ostfriesisch-plattdeutsches Dichterbuch, Aurich 1912
Eckert, Gerhard	Die schönsten Sagen aus Hamburg, Essen 1982
Ehbrecht, Wilfried	Hansen, Friesen und Vitalienbrüder an der Wende zum 15. Jahrhundert, in: Niederlande und Nordwestdeutschland, Köln 1983
ders.	Von Seeräubern, Hansen und Häuptlingen im 15. Jahrhundert, in: Herrschaft und Verfassungsstrukturen im Nordwesten des Reiches, Köln 1994
Eilers, Georg	Geschichte der Familie Schoke – 1360-1410, in: Diesterwegs deutschkundliche Schülerhefte, Frankfurt a. M. 1924
Einfeld, Thomas	Störtebekers Gold, Hamburg 1997
ders.	Störtebekers Kinder – Fahrt in den Norden, Wien 2001
ders.	Störtebekers Kinder 2 – Rückkehr aus dem Indianerland, Wien 2001

Elsenius, Bernhard	Chronicon Manuscriptum rerum Frisiae Orientalis
Engel, Georg	Claus Störtebecker, Leipzig 1920
Engelkes, Gustav G.	Ute – Störtebeekers erste Liebe, Lengerich
Emmius, Ubbo	Friesische Geschichte, Bd. II, übers. von Erich von Reeken, Frankfurt am Main 1981
Erichsen, Johannes u. a.	1000 Jahre Mecklenburg, Ausstellungskatalog, Rostock 1995
Etzel, Paul	Sina unter Seeräubern / Störtebeker muß fallen, Reichenau i. Sa. 1936
Falke, Johannes	Die Hansa als deutsche See- und Handelsmacht, Berlin
Fink-Henseler, R. W.	Die schönsten Räubergeschichten, Bayreuth 1984
Fischer, Wilhelm	Störtebeker – Der größte Seeräuber aller Zeiten, Göttingen
ders.	Störtebeker – Freibeuter der Meere, Göttingen
ders.	Störtebeker und seine Vitalienbrüder, Göttingen
ders.	Klaus Störtebeker – Seeräuber und Admiral
Fock, Gorch	Seefahrt ist not!, Hamburg 1917
ders.	Klaus Störtebeker, Reutlingen 1935
Folkerts, Rudolf/	Das Land um den Störtebekerturm, Norden 1977
Raveling, Jakob	Sagen und Vertellsels um den Störtebekerturm, Norden 1980
Fontane, Theodor	Die Likedeeler, in: Fragmente und frühe Erzählungen, München 1975
ders.	Meine Kinderjahre, München 1985
Forster, Michael	Klaus Störtebeker – König der Freibeuter, Gütersloh
Frahm, Ludwig u. a.	Der Seeräuber Klaus Störtebeker in Sang und Sage, Norden 1886
Freyhoff, Ulrich	Seeräuber in Ostfriesland, in: Die Leuchtboje Heft 5, Leer 1984
Fricke, Hermann	Die Likedeeler – Fontanes letzter Romanentwurf, Rathenow 1938
Friedlaender, Ernst	Ostfriesisches Urkundenbuch, 2 Bde., Emden 1878-1881
Fritze, Konrad	Seekriege der Hanse, Wiesbaden
Fröhlich, Fritz	Störtebeker: Der Robin Hood der Ostsee, in: Treff Jahrbuch 1986, Seelze
Funck, Christian	Ost-Friesische Chronick – Der Auricher Chronick Erstes Buch, Aurich 1784
Gallois, Gustav	Der Hansebund – Ein Ruhmesblatt deutscher Handelsgeschichte, Leipzig
Gallois, J. G.	Hamburger Chronik, 1861/1862
Gerdes, Gisela	Hamburger Kaufleute und die Seeräuber um 1400, Hamburg 1984
Gittermann, Rudolf Chr.	Kleine Geschichte von Ostfriesland, Emden 1826
Graßhoff, Fritz	Seeräuber-Report, Bergisch Gladbach 1986
Grobecker, Kurt	Das Hanse-Lesebuch – Die Schmuddelaffäre Klaus Störtebeker, Hamburg
ders.	Hanse zur See – Als Pfeffersäcke nach der Weltmacht griffen, Hamburg 1998
Grobys, Klaus	Klaus Störtebeker – Abenteuer zwischen Nord- & Ostsee, (Comics) 15 Hefte/30 Piccolos
Gundlach, Heinz (Hg.)	Störtebeker in Ralswiek – Legende, Traum und Wirklichkeit, Rostock 1984
Günther, Egon	Der Pirat, Berlin 1991
Gutberlet, Ronald	Der Schatz des Störtebeker, Hamburg 2002
Haas, A.	Klaus Störtebeker in der pommerschen Volksüberlieferung, Stettin 1932
Hansen, Konrad	Simons Bericht – eine nordische Odyssee, Frankfurt a. M. 1998
ders.	Solo für Störtebeker, in: WDR Hörspielbuch, Köln 1964
Hansen, Nikolaus (Hg.)	Schrecken der Meere – Piratengeschichten, München 1990
Hanstein, Otfried von	Das Seeräuberbuch, Leipzig 1930
Harkenroht, Jakobus I.	Oostfriesche Oorsprongelykheden, Groningen 1731
Harms, Georg	Klaus Störtebeker – Ein zeitgeschichtliches Drama für Freilichtbühnen (Ms.)
Hartlap, Detlef	Der Pirat mit dem Pudel, in: Ostfriesland Magazin 7-10/1986, 1/1987, Norden
Hashagen, Ingo	Die Vitalienbrüder in der Ostsee / in der Nordsee, in: Historien-Kalender auf das Jahr 1988/1989, Jever

Heichen, Walter	Klaus Störtebeker, Berlin 1938
Heinzlmeier, Adolf	Raub und Mord – Klaus Störtebeker, Der Freibeuter, Frankfurt a. M. 1981
Heller, Gisela	Unterwegs mit Fontane von der Ostsee bis zur Donau, Berlin 1995
Henn, Volker u. a.	Die Hanse im Ostseeraum: Kaufleute und Piraten, in: Damals, Stuttgart 4/1997
Hering, Ernst	Die Deutsche Hanse, Leipzig 1940
Herlyn, Heinrich H.	Freibeuterverstecke in Ostfriesland, in: Deichwart 7/1977
Heyken, Enno	Godeke Michels und Klaus Störtebeker in Verden, in: Rotenburger Schriften Heft 57, Rotenburg/Wümme 1982
Hintermeyer, Hellmut	Rätselhafte See – Der Fall Klaus Störtebeker, Stuttgart 2003
Hobbing	Die Expedition der Hansestädte gegen die ostfriesische Küste im Frühjahr 1400, in: Emder Jahrbuch, Emden 1881
Hoffmeyer, L. u. a.	Die Vitalienbrüder, in: Bilder aus der ostfriesischen Geschichte, Aurich 1882
Holtei, Christa u. a.	Mit Piraten auf großer Fahrt, Luzern 1998
Homann, Hermann	Klaus Störtebeker und die Likedeeler, in: Ostfriesland, Inseln, Watt und Küstenland, Münster
Houtrouw, O. G.	Ostfriesland – Eine geschichtlich-ortskundige Wanderung gegen Ende der Fürstenzeit, Nachdr. Leer 1974
Hubrich-Messow, G.	Sagen aus Schleswig-Holstein – Störtebeker, München 1993
Huby, Felix	Störtebeker – neu erzählt, Stuttgart 1985
Idsinga, S. H. van	Het Staatsrecht der Vereenigde Nederlanden, Leeuwarden 1758/65
Ihnken, Betto	Die Vitalienbrüder und Claus Störtebecker, in: Heim und Herd 158/1928, 248/1928
ders.	Ostfriesland und die Hanse, in: Heim und Herd 61/1931
ders.	Claus Störtebecker, der Pirat, in: Heim und Herd 118/1931
Jacobs, Heinz	Likedeeler waren auf der Siebethsburg, in: Historien-Kalender auf das Jahr 1976, Jever
Jahn, Moritz	Ulenspegel un Jan Dood – Likedeeler, München 1940
Jahn, Solveig	Auf den Spuren der Piraten, in: Land & Meer, Ausg. 2, Hamburg 1996
Jahn, Ulrich	Volkssagen aus Pommern und Rügen, Bremen 1999
Janssen, Albrecht	Störtebekers Schatz – Friesische Märchen, Leer 1986
Jensen, Wilhelm u. a.	Aus den Tagen der Hansa – Historische Erzählung aus dem 15. Jh., Leipzig
Jessen, Alf	Die nordische Seminaris – Margarethe die Große von Dänemark, Bremen 1940
Jonas, Simon u. a.	Die Hanse / Das Piratenschlupfloch von Marienhafe, in: Geschichte mit Pfiff 5/1981, Nürnberg
Jorschik, Dieter	Störtebeker und Konsorten, Mord(s)spaß in drei Akten, Textbuch für die Aufführung Jever 1991
Kasten, Herbert A. W.	Karsten Sarnow, Berlin 1958
Kiedel, Klaus-Peter	Die Hanse-Kogge von 1380, Bremerhaven 1982
Kinau, Rudolf	Seeräubers an Land – En Spill üm Klaus Störtebeker, Hamburg
Klabund (A. Henschke)	Störtebecker, Wedemark 1979
Klein, Diethard H.	Hausbuch der Hansestädte – Die Vitalienbrüder / Störtebeker, Freiburg i. Br. 1983
Klinkenborg, M.	Geschichte der ten Broks, Norden 1895
Klopp, Onno	Die Viktualienbrüder, in: Geschichte Ostfrieslands bis 1570, Osnabrück 1854
Knox	Störtebeker, Robin Hood der Ostsee (Comic), Waren (Müritz), 1999
Koch, Hinrich	Klaus Störtebeker, Marienhafe und die geschichtliche Wahrheit, in: Deichwart 1954
Kochan u. a.	Klaus Störtebeker (Schallplatte und Text), Rostock 1960
Kock, Hauke	Piraten, Hamburg 1995
Kohlenberg, Karl F.	Störtebekers bester Mann, Düsseldorf 1954
ders.	Störtebeker, München 1991
Konstam, Angus	Piraten – Seeräuber – Freibeuter – Atlas der Beutezüge zur See, Augsburg 1999

Koppmann, Karl	Die Recesse und andere Akten der Hansetage von 1256 bis 1430 (Hanserecesse), Bd. IV Leipzig 1877, Bd. V Leipzig 1880
ders.	Der Seeräuber Klaus Störtebeker in Geschichte und Sage, in: Hansische Geschichtsblätter, Leipzig 1879
Korte, Heinrich Adolf	Aus versunkenen Tagen – Aus dem Störtebekerlied, Leer
Kosuch, Markus	Störtebeker, Textbuch für ein 1991 in Pilsum uraufgeführtes Musical
Kotouc, Jaroslav	Märchen und Sagen vom Wasser – Klaus Störtebeker, Praha 1981
Kranich, Georg	Störtebeker (der Seeräuber), Lengerich 1950
Krantz, A.	Wandalia, Lib. X, Cap. 6, Köln 1519, Frankfurt 1580
Krawitz, Rainer	Ostfriesland mit Jever- und Wangerland, Köln 1982
Kuba (Kurt Barthel)	Klaus Störtebeker – Die Legende vom Klaus Störtebeker, Rostock 1960
ders.	Klaus Störtebeker – Dramatische Ballade in sechs Episoden, Leipzig 1959
ders.	Klaus Störtebeker – Dramatische Legende, Halle-Leipzig 1980
ders. u. a.	Von kühnen Räubern und Rebellen – Klaus Störtebeker, Würzburg 1983
Kühl, Thusnelda	Das Haus im Grunde – Störtebeker, Jena 1906
Kürtz, Hans Joachim	Zu Zeiten der Hanse, Lübeck 1983
Kurowski, Franz	Die Friesen – Das Volk am Meer, Berg 1987
Langermann, J. P.	Hamburgisches Münz - und Medaillen-Vergnügen, Sechstes Stück, Hamburg 1753
Lauff, Josef	Klaus Störtebecker – Ein Norderlied, Köln 1893
Laurent, J. C. M.	Klaus Stortebeker, in: Zeitschrift des Vereins für hamburgische Geschichte, mit Nachträgen, Ergänzungen von J. M. Lappenberg, Hamburg 1847
Leip, Hans	Bordbuch des Satans – Eine Chronik der Freibeuterei, Darmstadt 1961
ders.	Das Muschelhorn, Stuttgart 1941
ders.	Godekes Knecht, Leipzig 1925
Leithäuser, Joachim	Weltweite Seefahrt, Berlin 1962
Lengen, Hajo van	Geschichte des Emsigerlandes, 2 Bde., Aurich 1973/76
Lindemann, Friedrich	De Nobiskroog, Hamburg 1931
Lindner, Theodor	Die deutsche Hanse – Ihre Geschichte und Bedeutung, Leipzig 1911
Lobsien, Wilhelm	Klaus Störtebeker – Eine Erzählung aus der Zeit der Vitalienbrüder, Stuttgart 1941
Lornsen, Boy	Gottes Freund und aller Welt Feind – Mit Klaus Störtebeker auf Kaperfahrt, Stuttgart 1980; Schulausgabe mit Materialien: Stuttgart 1997
ders. u. a.	Klaus Störtebeker – Lehrerbegleitheft, Stuttgart 1997
ders. u. a.	Klaus Störtebeker und die Vitalienbrüder, Störtebekers Ende/Schlupfwinkel/Hinrichtung, Braunschweig
ders. u. a.	Klaus Störtebeker und die Vitalienbrüder, in: Augenblicke 8, Braunschweig 2000
ders. u. a.	Störtebeker (Theaterstück), Darmstadt 1983
Lübbing, Hermann	Friesische Sagen von Texel bis Sylt, Nachdr. Leer 1977
Lüken, D.	Störtebeker, in: Ostfriesland / Beltz' Bogenlesebuch, Langensalza
Lüpkes, W.	Ostfriesische Volkskunde, Emden 1907
Lüth, Erich	Piraten! Piraten! – Seeräuberei vor deutschen Küsten, Hamburg 1984
ders.	Seeräuber rund um Helgoland, Hamburg 1967
ders.	Seeräuber und Geraubte, Flensburg 1970
Mann, Thomas	Rede und Antwort – Gesammelte Abhandlungen und kleine Aufsätze, Berlin 1922
Maschke, Erich	Der Deutsche Orden, Jena 1939
Meerkatz, Albert	Erläuterungen zu Gorch Fock: „Seefahrt ist not", Leipzig
Meier, Hermann	Bilder aus der Geschichte Ostfrieslands – Die Viktualienbrüder, Leer 1868
Melegari, Vezio	Die Geschichte der Piraten, Hamburg 1978
Merbach, Paul Alfred	Die Hanse im deutschen dichterischen Schrifttum – Claus Störtebekker, Lübeck 1934
Metger, H.	Ein Beitrag zur Geschichte Störtebekers, in: Ostfr. Monatsblatt 4. Heft, Emden 1874

Meyer-Abich, Siever J.	Foelke Kampana, 2 Bde., Norden 1990
Mitchell, David	Piraten – Geschichte und Abenteuer der Seeräuber auf den Weltmeeren, Wien 1978
Möhlmann, Günther	Ostfriesisches Urkundenbuch, Bd. 3, Aurich 1975
Möhn, Dieter	Störtebeker und die Folgen (mit Bibliografie), in: Jahrbuch des Vereins für niederd. Sprachforschung, Neumünster 1995, 1996, 1997
Mondfeld, Wolfram zu	Das Piratenbuch, München 1988
Müller, Erich	Ewig in Aufruhr – 18 Porträts deutscher Rebellen, Berlin 1928
Muschi, J. B.	Die Hansa (1350 - 1450) – Kulturgeschichtliche Erzählung, in: Aus unserer Väter Tagen, Bd.14, Dresden
Neukirchen, Heinz	Piraten – Seeraub auf allen Meeren, Berlin 1980
ders.	Seefahrt im Wandel der Jahrtausende, Berlin 1985
Nirrnheim, Hans	Hamburg und Ostfriesland in der ersten Hälfte des 15. Jahrhunderts, Hamburg 1890
ders.	Das Hamburgische Pfund- und Werkzollbuch von 1399 und 1400, Hamburg 1930
Ohorn, Anton	Stürmische Zeiten – Störtebecker, Stuttgart
Olbermann, Hermann J.	Freibeuter, Volksheld und an der Küste eine legendäre Figur: Klaus Störtebeker, in: GEO-Spezial Nr. 3, Hamburg 1987
Pagel, Karl	Die Hanse, neu bearbeitet von Friedrich Naab, Braunschweig
Pauls, Theodor	Ältere Geschichte Ostfrieslands, Aurich 1909
ders.	Beiträge zur Geschichte der ostfriesischen Häuptlinge, Emder Jahrbuch
Pederzani-Weber, Jul.	Unter der Flagge der Hansabrüder, Berlin
Petschull, Jürgen	Klaus Störtebeker – Als in Hamburg die Köpfe rollten u. a., Stern 24/2000
Platt, Richard	Piraten – Von Kaperkapitänen, Bukaniern, Korsaren, Barbaresken, Hildesheim 1999
Plog, Wilhelm	Likedeeler – Roman ut de Hansetied, Hamburg 1932
Poppinga, Reemt R.	Die Vitalienbrüder ohne Legende, in: Unser Ostfriesland 9/1979
ders.	Klaus Störtebeker in Sage und Geschichte, in: Unser Ostfriesland 16/1980
Puhle, Matthias	Die Vitalienbrüder – Klaus Störtebeker und die Seeräuber der Hansezeit, Frankfurt a. M. 1992
Rasmussen, Jörg	Kunz von der Rosen, in: Zeitschrift des Deutschen Vereins für Kunstwissenschaft, Berlin 1985
Rath, Arend Roland	Störtebeker lebt – Räuberpistole, Wilhelmshaven
Reh, Wilhelm	Auge um Auge, Zahn um Zahn – Erzählung aus der Zeit der Vitalienbrüder (in Stenografie), Berlin
Reincke, Heinrich	Forschungen und Skizzen zur Hamburgischen Geschichte, Hamburg 1951
ders. u. a.	Hanse – Downing Street und Deutschlands Lebensraum, Berlin 1942
ders. u. a.	Hanse, Rhein und Reich, Berlin 1942
ders.	Simon von Utrecht – Eine Lebensskizze, Hamburg 1965
Reinhardt, Waldemar	Die Sibetsburg – Landschaft und Geschichte, in: 600 Jahre Sibetsburg, Wilhelmshaven 1983
Rieger, Othmar	Gericht über das Feuer – Störtebekers letzter Gang, Graz 1955
Riemeck, R.	Die Hanse, in: Die Laterne, Oldenburg
Reimers, Heinrich	Ostfriesland bis zum Aussterben seines Fürstenhauses, Bremen 1925
Roden, Hans	Schatzsucher – Chronik der versunkenen und vergrabenen Schätze, Jungenheim 1963
Roder, Hartmut (Hg.)	Piraten – Die Herren der Sieben Meere (Ausstellungskatalogbuch), Bremen 2000
Rösler, Dietmar	Störtebeker im Netz – Eine Science-Fiction?, Hamburg 1997
Röthel, Hans Konrad	Die Hansestädte – Hamburg-Lübeck-Bremen, München 1955
Saathoff, Albrecht	Der Kampf gegen die Seeräuber, in: Bilder aus Ostfrieslands Geschichte, Leer 1962
Saß, Eugen von	Klaus Störtebeker, der Gleichebeuter, in: Erlebnis-Bücherei Heft 55, Berlin
Sax, Ingo	Störtebeker – Een för all un all för een, Textbuch f. d. Freilichtspiele Marienhafe 1996
ders.	Störtebeker – För 't lieke Deel, Textbuch für die Freilichtspiele Marienhafe 1999

Sax, Ingo	Störtebeker – Gold, Füür un Isen, Textbuch für die Freilichtspiele Marienhafe 2002
Schalk, Gustav	Die Bunte Kuh von Flandern – Der Kampf gegen Klaus Störtebeker und die Vitalienbrüder, Berlin 1905
ders.	Klaus Störtebeker, Wien 1972
Schäfer, D.	Die deutsche Hanse, Bielefeld 1914
Scheller, Thilo	Klaus Störtebeker – Gottes Freund und aller Welt Feind, Stuttgart 1942
Scheurlen, Ute	Über Handel und Seeraub im 14. und 15. Jahrhundert an der ostfriesischen Küste, Hamburg 1974
Schildhauer, Johannes	Die Hanse – Geschichte und Kultur, Leipzig 1984
Schmidt, Fred	Kapitäne, Hamburg 1959
Schmidt, Heinrich	Politische Geschichte Ostfrieslands, Leer 1975
Schmidt, Wolfgang	Störtebekers Schlupfwinkel – eine Straße zwischen Legende und Geschichte, in: Sigloch Erlebnisreisen Nordseeküste, Künzelsau
Schmitz, Bernd (Hg.)	Reiseführer Störtebekerstraße – Auf den Spuren der Seeräuber, Vellmar
Schneider, Antonie	Schatzsuche und Finderglück, Hamburg 1995
Schomerus, Johann G.	Das Marienhafer Skizzenbuch des Baumeisters Martens aus dem Jahr 1829, Aurich 1968
ders.	Die Marienkirche von Marienhafe, Norden 1984
ders.	Marienhafe zur Störtebekerzeit, in: Heimatkunde und Heimatgeschichte 10/1966
Schoolmann, Hinrich	Marienhafe und die Likedeeler, in: Unser Ostfriesland 20/1957
Schreiber, Hermann	Fahrt auf freien Meeren, Würzburg
Schwarzkopf, Marg. u. a.	Seeräuber und Piraten, Hannover 1982
Schwichow, Gudrun	Das Gewand des Piraten u. a., in: Ostfriesland Magazin 8 - 12/1991, 1/1992
dies.	Umbringers sünd dat nich wäst u. a., in: Ostfriesland Magazin 9 - 12/1993, 1/1994
Serrano, Nicolas	Piratenschätzen auf der Spur, Stuttgart 2000
Sieblist, O.	Klaus Störtebeker, Rügen 1998
Siefkes, Wilhelmine	Ostfriesische Sagen und sagenhafte Geschichten, Aurich 1963
Siemons, Hans	Die Piraten, in: Geschichte mit Pfiff 5/97
Sigleur, Johannes	Der goldene Mast, Stuttgart 1956
ders.	Sturmfahrt unter schwarzer Fahne, Stuttgart 1939
ders.	Unter schwarzer Flagge, Bergisch Gladbach
Simon, Andreas	Die spannendsten Seeräubergeschichten, München
Sindel, Kurt (Hg.)	Verden ex libris – Die Sage vom Störtebeker u. a., Bremen 1984
Sokol, Hans	Unter der Flagge mit dem Totenkopf – Die Geschichte der Seeräuberei, Herford
Steele, Philip	Das große Buch der Piraten, Nürnberg 1998
Stölting, Siegfried	Geschichten aus dem Schiffahrtsmuseum – Störtebekers erste Beute, Bremerhaven 1986
Strahl, Rudi	Wie einer Pirat wird – Textbuch für die Störtebeker-Festspiele Rügen 1993
Streblau, Lothar	Söldner und Häuptlinge, in: Heimatkunde und Heimatgeschichte 9, 10/1983
Sturm, Ursula	Klaus Störtebeker und seine Gesellen, in: Frösi-Schatzinsel, Berlin 1967
Sundermann, Friedrich	Der Upstalsboom – Ostfrieslands Volksüberlieferungen, Aurich 1922
Suur, Hemmo	Geschichte der Häuptlinge Ostfrieslands, Emden 1846
Suur/Martens	Die alte Kirche zu Marienhafe in Ostfriesland, Emden 1845
Tarnowski, Wolfgang	Seeräuber – Die Vitalienbrüder, in: Was ist was Bd. 71, Nürnberg 1982
Techen, Friedrich	Die blaue Flagge, in: Hansische Volkshefte Nr. 2, Bremen
Teichmann, Fritz	Die Stellung und Politik der hansischen Seestädte gegenüber den Vitalienbrüdern in den nordischen Thronwirren 1389 - 1400, Berlin 1931
Tettenborn, Joachim	Klaas Störtebeker – Eine Piratenrevue, Textbuch für die Freilichtaufführung Husum 1998
Thomsen, Helmuth	Hamburg – Klaus Störtebeker, München 1975
Timm, Uwe	Der Schatz auf Pagensand, Zürich 1995
Tippelkirch, Wolf D. von	Totenkopf & Enterbeil, die Piratensaga, Düsseldorf

Tjaden, H.   Illustrierte ostfriesische Geschichte, Emden 1913

Tormin, Ulrich   Ottos Ottifanten – Kommando Störtebeker (Comic), Kiel 2001

Traun, Julius von der   Die Geschichte vom Scharfrichter Rosenfeld und seinem Paten, Berlin 1911

Trommler, Harry   Seesagen und Schiffermärchen aus aller Welt, Schwerin

Uhlenbusch, Hugo Paul   Der Schatz auf Gotland, in: Kleine Glockenbücherei 24. Bd., Bayreuth

ders.   Jürgen Wullenwever, Stuttgart 1937

Ullrich, Hans   Der Wächter – Ein Roman aus der Zeit der Vitalienbrüder, Hannover 1936

Ulrich, Andreas   Nagel im Kopf u. a., in: Der Spiegel Nr. 34/01, Hamburg

Uphoff, Bernhard   Keno tom Brok und die Seeräuber, in: Heimatkunde und Heimatgeschichte 11/1961

Uphoff, Nicolaus   Störtebeker (Drama), Westoverledingen

Verg, Erik   Störtebekers Tod auf dem Grasbrook, in: Das Abenteuer, das Hamburg heißt, Hamburg 1977

Voigt, Johannes   Die Vitalienbrüder, in: Raumers Historisches Taschenbuch, Leipzig 1841

Vollbehr, Friedel   Die Holländer und die deutsche Hanse, in: Pfingstbl. des Hansischen Geschichtsvereins, 1930

Vries, J. Fr. de u. a.   Ostfriesland – Land und Volk in Wort und Bild, Emden 1881

Wanke, Josef   Die Vitalienbrüder in Oldenburg (1395-1433), in: Oldenb. Jahrbuch, Oldenburg 1911

Weichelt, Herm.   Die Sage vom Störtebecker, in: Hannoversche Geschichten und Sagen 4. Bd., Leipzig

Welk, Ehm   Gewitter über Gotland (Schauspiel), Rostock 1964

Wencker-Wildberg, Fr.   Raubritter des Meeres, Berlin 1935

Werner, Henry   Klaus Störtebeker – Ein Ausgestoßener, Friedrichshafen 1965

ders.   Klaus Störtebeker – Schiffbruch, Friedrichshafen 1965

Werner, Reinhold von   Störtebeker – Eine Erzählung (in Stenografie), Berlin, um 1900

Wiarda, T. D.   Ostfriesische Geschichte, 11 Bde., Aurich 1791-1798

Wiemann, Harm   Die Seeräuber, in: Ostfriesische Geschichte, 4 Teile, Leer 1951

Willmann, Rainer   Wann starb Klaus Störtebeker?, in: Die Heimat 3/1980

Willms, Gerhard   Die Hansa und Ostfriesland um 1400, in: Heim und Herd 36/1928

Windgassen, Antje   Klaus Störtebeker – Der Pirat, der zum Volkshelden wurde, in P. M. History 5/2001, München

Wing, Max   Klaus Störtebecker – Die Liebe des Seeräubers, 4 Bde.

Woebcken, Carl   Störtebeker, in: Archiv für Landes- und Volkskunde H. 11/1942

ders.   Kurze Geschichte Ostfrieslands, Jever 1949

ders.   Das Land der Friesen und seine Geschichte, Oldenburg i. O. 1932

ders.   Wanderfahrten durch das Friesenland, Oldenburg i. O. 1936

Woeller, W. u. M.   Sage und Weltgeschichte – Klaus Störtebeker, Berlin 1991

Wohldorf, Jörn   Klaus Störtebeker – Eine Erzählung aus der Zeit der Hanse, Seeheim 1977

Zeuhmann, Georg   Die Vitalienbrüder, in: Der Ansporn Heft 20, Hamburg 1929

Ziegler, Uwe   Die Hanse – Aufstieg, Blütezeit und Niedergang, München 1996

Zimmerling, Dieter   Störtebeker & Co. – Die Blütezeit der Seeräuber in Nord- und Ostsee, Frankfurt a. M. 1983

ders.   Die Hanse – Handelsmacht im Zeichen der Kogge, Bindlach 1993

ders.   Gottes Freund, aller Welt Feind – Klaus Störtebeker und die Vitalienbrüder, in: Damals, Heft 1, Gießen 1989

Der imposante Störtebekerturm

Harm Bents,

geboren 1940, Dipl.-Verwaltungswirt (FH), wurde als Vize-Gemeindedirektor von Marienhafe, dem ehemaligen „Asylort" der mittelalterlichen Seeräuber, mit dem Thema „Störtebeker und die Vitalienbrüder" konfrontiert. Immer wieder wurde im Rathaus, das unmittelbar neben dem „Störtebekerturm" steht, nach den berühmt-berüchtigten Seeräubern, die zunächst die Ostsee und dann die Nordsee unsicher machten, gefragt, sodass Bents sich entschloss, seine Nachforschungen unter besonderer Berücksichtigung der ostfriesischen Verhältnisse zusammenzustellen. Dabei wurde versucht, nach „Dichtung und Wahrheit" zu unterscheiden, was sich angesichts der relativ wenigen Fakten und der vielen Sagen und Erzählungen als gar nicht so einfach herausstellte.

Bernd Flessner,

geboren 1957 in Göttingen, aufgewachsen in Greetsiel. Literatur- und Medienwissenschaftler, Zukunftsforscher im Netzwerk Zukunft e. V. Lehrt seit 1991 an der Universität Erlangen-Nürnberg; freier Autor. Forschungsschwerpunkte: Medien- und Technikgeschichte in der Literatur, Utopien, literarische, technische und soziale Zukunftsentwürfe einst und jetzt, kulturwissenschaftliche Zukunftsforschung. Schreibt als Journalist und Publizist u. a. für die Neue Zürcher Zeitung, natur, Kultur & Technik, Zukünfte, Theater heute, mare und für das Ostfriesland Magazin. Verfasst Essays, Kritiken, Rezensionen, Erzählungen, Kinderbücher, Kommentare, Features etc.

Martin Stromann,

geboren 1954 in Emden, wohnt in Hage. Nach achtjähriger Beamtenlaufbahn und dem Studium der Pädagogik kam er 1986 als Bildredakteur zum Verlag Soltau-Kurier-Norden; hier hat er das Bildarchiv aufgebaut und an zahlreichen Buchprojekten in der Region mitgewirkt. Martin Stromann fotografiert unter anderem für die Monats-Zeitschrift „Ostfriesland Magazin" und für die Norder Tageszeitung „Ostfriesischer Kurier". Zu den Veröffentlichungen von Martin Stromann gehört auch der beliebte Fotokalender „Ostfriesland".

Störtebekerland

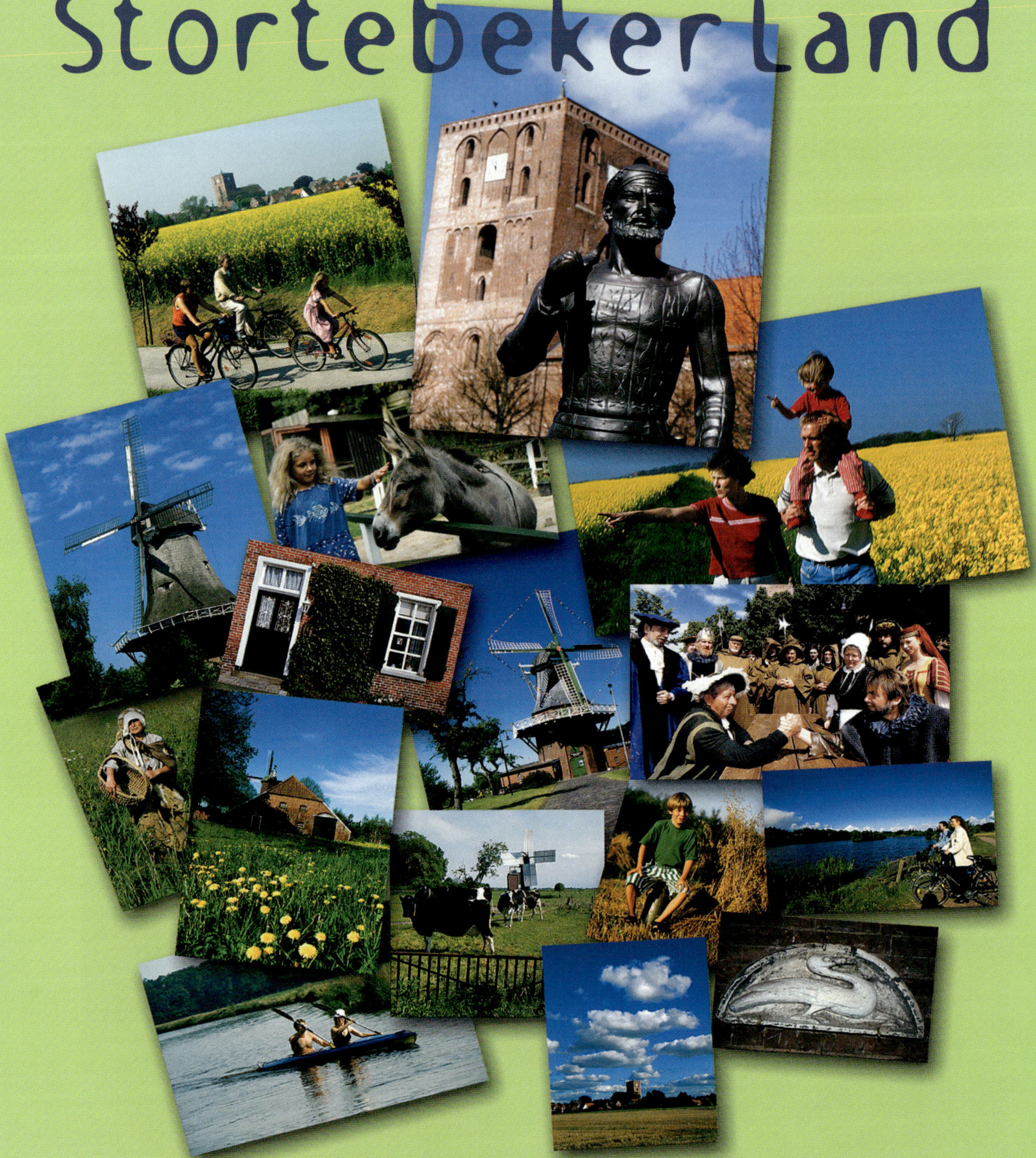

Das nach seinem berühmtesten Touristen benannte StörtebekerLand hat Ihnen viel zu bieten.
Erkunden Sie das **„MühlenLand"** auf der Mühlen-Route, erfahren Sie mit dem Rad die Friesen-Route, genießen Sie mit dem Kanu
die herrliche Landschaft – weit und breit nur Wasser, Wiesen und Weite.
Erleben Sie unser **„SportivesLand"** und lernen Sie den ostfriesischen Volkssport, das Boßeln, kennen. Aber natürlich bietet das
StörtebekerLand auch Möglichkeiten zum Angeln, Schwimmen, Joggen, Reiten oder Minigolf spielen.

Informationen und Veranstaltungskalender unter:

Tourist-Information Brookmerland

Mitgliedsgemeinden: Leezdorf · Marienhafe · Osteel · Rechtsupweg · Upgant-Schott · Wirdum
Am Markt 11 · 26529 Marienhafe · Tel. (0 49 34) 8 12 48 · Fax (0 49 34) 8 12 59
Internet: www.stoertebekerland.de · E-Mail: touristinfo@marienhafe.de

Ausflugs-tipps

Hafen in Wirdum

Wirdum

Dieses kleine geschichtsträchtige
Warfendorf birgt eine
Dorfkirche aus dem
14. Jahrhundert und
ein Steinhaus aus dem
16. Jahrhundert.
Auch den kleinen Hafen
sollten Sie einmal besuchen.
Wirdum profilierte sich
beim Wettbewerb
„Unser Dorf soll schöner werden."

Döschkefest in Rechtsupweg

Rechts-upweg

Dieser Ort im Stil einer
Schwarmsiedlung zählt
zu den Moorgemeinden.
Beim jährlich stattfindenden
„Döschkefest" lernen
Sie neben historischer
Handwerkskunst auch
nostalgische Erntemaschinen
und -geräte kennen.

...rund um den Störtebekerturm

Marienhafe

Das unverkennbare Wahrzeichen prägt schon von weitem markant diesen Ort – der Störtebekerturm. Die um 1230 erbaute St.-Marien-Kirche beherbergt im Turm die Störtebekerkammer. Ein bronzenes Denkmal auf dem Marktplatz erinnert an den berühmtesten „Touristen" des Ortes.

Marienhafe

Osteel

Auf dem Osteeler Friedhof, östlich der majestätisch wirkenden Warnfried-Kirche mit dem 44 Meter hohen Westturm, steht das Fabricius-Denkmal, gewidmet den berühmtesten Bürgern des Ortes. David Fabricius (1604 bis 1617 Pastor an der Osteeler Kirche) war schon leidenschaftlicher Astronom. Sein Sohn Johannes entdeckte dann 1610 als erster die Sonnenflecken. In der Kirche befindet sich eine im Jahre 1619 erbaute Orgel.

Fabricius-Denkmal in Osteel

Ausflugstipps

...rund um den Störtebekerturm

Upgant-Schott

Das Ortsbild wird von zahlreichen mächtigen und sehr alten Gulfhöfen geprägt. Die Windmühle Sterrenberg mahlt zu Demonstrationszwecken noch heute mit dem Wind.

Ulferts Börg in Upgant-Schott

Leezdorf

Dieser hübsche Ort ist besonders sehenswert wegen seiner Mühle, einem zweistöckigen Galeriehol-länder. Jährlich wird hier das Müh-lenfest gefeiert. Beim Wettbewerb „Unser Dorf soll schöner werden" konnte sich die Moorgemeinde profilieren.

Mühle in Leezdorf